Studien zum Schul- und Bildungsrecht

Herausgegeben von

Prof. Dr. Wolfram Cremer, Ruhr-Universität Bochum
Prof. Dr. Jörg Ennuschat, Ruhr-Universität Bochum
Prof. Dr. Ralf Poscher, Albert-Ludwigs-Universität Freiburg
Prof. Dr. Johannes Rux, Eberhard-Karls-Universität Tübingen
Prof. Dr. Hinnerk Wißmann,
Westfälische Wilhelms-Universität Münster

Band 16

Institut für Bildungsrecht und Bildungsforschung e.V./
Deutsches Institut für
Internationale Pädagogische Forschung (Hrsg.)

Auf dem Weg zur inklusiven Schule

Organisation einer Schul- und Bildungsentwicklung –
4. Deutscher Schulrechtstag

Nomos

Die Deutsche Nationalbibliothek verzeichnet diese Publikation in der Deutschen Nationalbibliografie; detaillierte bibliografische Daten sind im Internet über http://dnb.d-nb.de abrufbar.

ISBN 978-3-8487-4075-8 (Print)
ISBN 978-3-8452-8384-5 (ePDF)

1. Auflage 2017

Vorwort

Der nunmehr 4. Deutsche Schulrechtstag widmete sich im Juni 2016 in Berlin einem für das gesamte deutsche Bildungs- und insbesondere für das Schulsystem gegenwärtig zentralen Thema, der „*Inklusion*". Nachdem Deutschland dem „*Übereinkommen über die Menschen mit Behinderungen*" der Vereinten Nationen vom 13. Dezember 2006 im Dezember 2008[1]beigetreten war und dieses dann am 26. März 2009 für Deutschland in Kraft getreten ist[2], wird über die Umsetzung der „*Inklusion*" im Schulbereich intensiv diskutiert, es werden Empfehlungen verabschiedet[3] sowie Schulgesetze angepasst und geändert[4].

Mit der Themenwahl haben die beiden den Deutsche Schulrechtstag veranstaltenden Institutionen, das *Institut für Bildungsrecht und Bildungsforschung e.V.* (IfBB) an der der Ruhr-Universität Bochum (RUB) und das *Deutsche Institut für Internationale Pädagogische Forschung* (DIPF), den Blick auf eine institutionelle und strukturell grundlegende Frage des Schulsystems gerichtet, nachdem die ersten drei Schulrechtstage die rechtliche Situation der an Schule beteiligten Personen (Lehrkräfte, Schülerinnen und Schüler, Eltern) zum Gegenstand hatten.

Es ging beim 4. Deutschen Schulrechtstag zur „*Inklusion*" primär um die rechtlichen Konsequenzen jener strukturell orientierten Bestimmung im Art. 24 Abs. 1 der UN-Behindertenrechtskonvention:

> *„Die Vertragsstaaten anerkennen das Recht von Menschen mit Behinderungen auf Bildung. Um dieses Recht ohne Diskriminierung und auf der Grundlage der Chancengleichheit zu verwirklichen, gewährleisten die Vertragsstaa-*

---

1 Gesetz vom 21. Dezember 2008, BGBl. II, S. 1419.

2 Bekanntmachung vom 5. Juni 2009, BGBl.II, S. 812.

3 S. den Beschluss der Kultusministerkonferenz vom 20. Oktober 2011 „*Inklusive Bildung von Kindern und Jugendlichen mit Behinderungen in Schulen*".

4 S. nur das 9. Schulrechtsänderungesetz Nordrhein-Westfalen/Erstes Gesetz zur Umsetzung der VN-Behindertenrechtskonvention in den Schulen vom 5. November 2013, GV NRW S. 613; auch das Gesetz zur Änderung des Schulgesetzes für Baden-Württemberg vom 21. Juli 2015, GBl. S. 645.

> *ten ein integrativen [inklusives]*[5] Bildungssystem auf allen Ebenen und lebenslanges Lernen mit dem Ziel,
> a) die menschlichen Möglichkeiten sowie das Bewusstsein der Würde und das Selbstwertgefühl des Menschen voll zur Entfaltung zu bringen und die Achtung vor den Menschenrechten, den Grundfreiheiten und der menschlichen Vielfalt zu stärken;
> b) Menschen mit Behinderungen ihre Persönlichkeit, ihre Begabungen und ihre Kreativität sowie ihre geistigen und körperlichen Fähigkeiten voll zur Entfaltung bringen zu lassen;
> c) Menschen mit Behinderungen zur wirklichen Teilhabe an einer freien Gesellschaft zu befähigen."

Dabei spielten zugleich auch jene praktischen Erfahrungen eine wichtige Rolle, die in Umsetzung dieser Vorgabe der Behindertenrechtskonvention in Deutschland in der jüngsten Zeit gemacht wurden. Einerseits war dabei ein bemerkenswerter Anstieg der Zahl der Schülerinnen und Schüler mit sonderpädagogischem Förderbedarf festzustellen, der in zwei Jahren über alle Bundesländer hinweg von 6,6% (im Schuljahr 2012/13) auf 7,0% (im Schuljahr 2014/15) anstieg – in absoluten Zahlen sich von 495 000 auf 508 000 Schülerinnen und Schülern erhöhte, bei insgesamt zurückgehenden Schülerzahlen. Im gleichen Zeitraum hat sich der Anteil der Schülerinnen und Schüler mit sonderpädagogischem Förderbedarf, die an allgemeinen Schulen unterrichtet werden, im bundesweiten Durchschnitt nur minimal verändert, von 4,7% auf 4.6% – mit allerdings deutlichen Unterschieden zwischen den Bundesländern[6].

In der Debatte um die Umsetzung von „*Inklusion*", dem Begriff der UN-Behindertenrechtskonvention, hat sich zugleich ein breiteres Begriffsverständnis entwickelt, das auf ein Bildungs- und Schulsystem zielt, das die individuellen und damit unterschiedlichen Bedingungen jedes Kindes und Jugendlichen zum Ausgangspunkt für Lernprozesse macht und so eine grundlegend veränderte Struktur für schulische Bildungsprozesse einfor-

---

5 Der in der geltenden Fassung vorgesehene Begriff „*inclusive*" war in der amtlichen Übersetzung der deutschsprachigen Länder mit „*integrativ*" übersetzt worden; Österreich hat dies inzwischen offiziell korrigiert, s. Kundmachung des Bundesministers für Kunst und Kultur, Verfassung und Medien betreffend die Korrektur der deutschsprachigen Übersetzung des Übereinkommens über die Rechte von Menschen mit Behinderungen sowie des Fakultativprotokolls zum Übereinkommen über die Rechte von Menschen mit Behinderungen vom 15. Juni 2016, BGBl. III Nr. 105, S. 1.

6 Autorengruppe Bildungsberichterstattung, Bildung in Deutschland 2016, S. 81, m.w.N.

dert – beim 4. Deutschen Schulrechtstag mit der Unterzeile zum Tagungsthema angesprochen, wenn dort von der „*Organisation einer Schul- und Bildungsentwicklung*“ gesprochen wurde.

Bereits die Kultusministerkonferenz hatte ein solches, breiteres Verständnis aufgegriffen, wenn dort formuliert wurde:

> „*Das allgemeine Bildungssystem ist aufgefordert, sich auf die Ausweitung seiner Aufgabenstellung im Sinne einer inklusiven Bildung und Erziehung vorzubereiten.*“[7]

Die Frage, welche Konsequenzen eine eher „enges“ und ein eher „weites“ Verständnis von „*Inklusion*“ für das Schulsystem und seine Neuorientierung haben kann und soll, war damit als Thema auch für den 4. Deutschen Schulrechtstag aufgeworfen. Dabei spielte sicherlich auch aus der Sicht der Praktiker und Praktikerinnen aus den Einzelschulen eine Rolle, dass mit der Frage der „*Integration*“ von schutz- und asylsuchenden Menschen, die nach Deutschland gekommen waren, eine neue und zusätzliche Aufgabe besonders auch an die Schulen herangetragen worden ist, die sich als zusätzliche Herausforderung für den schulischen Alltag darstellt[8].

In breiter und umfassender Weise sowie unter Einbezug der schulischen Praxis hat der 4. Deutsche Schulrechtstag das Thema "*Inklusion*“ behandelt, wie die nachfolgend abgedruckten Beiträge eindrücklich belegen.

Frau Prof. Dr. Theresia Degener, die am Zustandekommen der UN-Behindertenrechtskonvention maßgeblich beteiligt war und heute dem entsprechenden UN-Ausschuss angehört, nahm die völkerrechtliche Perspektive in den Blick. *Herr Prof. Dr. Felix Welti* übernahm es, die beiden – auch rechtlich unterschiedlichen – „Welten“ des Schul – und des Sozialrechts zusammenzuführen, um die Frage nach den „angemessenen Vorkehrungen für behinderte Schülerinnen und Schüler“ zu beantworten. *Frau Prof. Angela Faber* brachte die Perspektive der kommunalen Schulträger ein, an denen es liegt, dass auch die Rahmenbedingungen personeller und sächlicher Art so gestaltet werden, dass Inklusion an Schulen möglich wird. Dass die Umsetzung der UN-Behindertenrechtskonvention nicht nur eine Deutschland betreffende Aufgabe ist, sondern auch zu Aktivitäten auf europäische Ebene – nicht zuletzt durch die in Odense in Dänemark beheimatete „*Europäische Agentur für sonderpädagogische Förderung*

---

7 A.a.O. (*Fußn. 3*), S. 9; vgl. auch Autorengruppe Bildungsberichterstattung, Bildung in Deutschland 2014, S. 158.

8 Dazu nur Autorengruppe Bildungsberichterstattung (*Fußn. 6*), S. 161 ff.

und inklusive Bildung" – geführt hat, war Gegenstand des Beitrages von *Frau Ministerialrätin Birgid Oertel*. Wie sich schließlich Schulen in freier Trägerschaft zur Forderung nach „*Inklusion*" verhalten und verhalten müssen, war Gegenstand der Ausführungen von *Frau Rechtsanwältin Johanna Keller*. Ihnen allen sei auch an dieser Stelle noch einmal für Ihre Ausführungen, die schon während der Tagung eine intensive Diskussion auslösten, herzlich gedankt.

Hans-Peter Füssel

Inhalt

Grundlagen der Inklusion aus völkerrechtlicher Perspektive nach der Behindertenrechtskonvention der Vereinten Nationen (UN-BRK). Vortrag von Theresia Degener auf dem 4. Deutschen Schulrechtstag am 30. Juni 2016 in Berlin

Theresia Degener

Inklusion ist ein Thema, das insbesondere in Deutschland sehr umstritten ist. Die UN-BRK, die vor 10 Jahren durch die Vereinten Nationen verabschiedet wurde, und im Jahre 2009 in Deutschland durch Ratifikation in Kraft getreten ist, hat wie keine andere Menschenrechtskonvention einen hohen Bekanntheitsgrad erhalten. Sie hat auch für viel Aufregung und Diskussion gesorgt, sie hat jedoch im Bildungsbereich bislang nur wenig bewirkt. Immer noch liegt unsere Inklusionsrate bei knapp 30 %,[1] während sie im europäischen (OECD) Durchschnitt zwischen 60 und 80 % liegt. Deutschland ist im Hinblick auf Bildungsinklusion auf dem Stand eines Entwicklungslandes. Obwohl es bisher keinen wissenschaftlichen Nachweis über die qualitative Überlegenheit von Förder- oder Sonderschulen gegenüber inklusiven Schulen gibt,[2] wird an den segregierenden Sonderwelten der Förder- und Sonderschulen festgehalten. Und obwohl wissenschaftliche Erkenntnisse darüber vorliegen, dass Förder- und Sonderschulen sich nachteilig auf die Persönlichkeitsentwicklung der betroffenen Kinder auswirken, dass sie sich nachteilig auf deren berufliche Karrieren auswirken,[3] und wir inzwischen wissen, dass sie keine Schonräume darstellen, gelten sie nach wie vor als integraler Bestandteil des deutschen

---

1 *Klemm* (im Auftrag der Bertelsmann Stiftung), Inklusion in Deutschland. Daten und Fakten, Gütersloh, 2015, S. 6.

2 *Klemm* (im Auftrag der Bertelsmann Stiftung), Inklusion in Deutschland. Daten und Fakten, Gütersloh, 2015, S. 20 ff.

3 *Faber/Roth*, Die Umsetzung der UN-Behindertenrechtskonvention durch die Schulgesetzgebung der Länder, DVBl 2010, 1193, 1194; *Klemm* (im Auftrag der Bertelsmann Stiftung), Inklusion in Deutschland. Daten und Fakten, Gütersloh, 2015, S. 20; *Schumann*, „Ich schäme mich ja so!“ Die Sonderschule für Lernbehinderte als „Schonraumfalle“, Bad Heilbrunn: Klinkhardt, 2007; *van Essen*, Abgehängt – Lebensrealitäten ehemaliger Förderschulen, IMEW-Expertise 12, Berlin, 2013.

Schulsystems. Im Unterschied zu vor 30 Jahren, als die Integrationspädagogik in Deutschland einen ersten Höhepunkt erreichte, wissen wir heute auch, dass Förder- und Sonderschulen sich nicht rechnen,[4] und dass, solange wir zwei getrennte Bildungssysteme erhalten, ein funktionierendes, qualitativ hochwertiges inklusives Bildungssystem nicht zu erreichen ist. Gleichwohl hat die Kultusministerkonferenz entschieden, dass Förder- und Sonderschulen in Deutschland erhalten bleiben.[5] Entsprechend halbherzig sind die Reformen der Landesschulgesetze in den einzelnen Bundesländern in den letzten Jahren ausgefallen. Inklusion wird beschworen, aber es bleibt beim Lippenbekenntnis. Wie eine vom Deutschen Institut für Menschenrechte in Auftrag gegebene Prüfung der Landesschulgesetze 2014 ergeben hat, entspricht kaum eines der reformierten Schulgesetze den Anforderungen der UN-BRK.[6] Über die Gründe für diesen Missstand lässt sich lange spekulieren: die spezielle deutsche Geschichte der Aussonderung behinderter Menschen, die ausgesprochen starke Interessenvertretung des Berufsverbandes der Sonderpädagogen und Sonderpädagoginnen, die mangelnde Menschenrechtskultur in Deutschland oder Unkenntnisse über die Möglichkeiten der Inklusion. Diese und andere Faktoren mögen den Zustand verursacht haben. Die Analyse der Ursachen ist jedoch nicht Gegenstand meines Vortrags. Vielmehr geht es in meinem Vortrag um die Grundlagen der Inklusion aus völkerrechtlicher Perspektive. Diesbezüglich möchte ich auf drei Punkte eingehen: Ich werde zunächst Art. 24 UN-BRK als Bestandteil des internationalen Menschenrechtskanons darstellen. Sodann werde ich auf den Inhalt der Norm selbst eingehen. Schließlich werde ich die internationale Rechtsprechung und Auslegung zu Art. 24 UN-BRK darstellen. Das alles kann selbst verständlich nur kursorisch erfolgen, denn meine Vortragszeit ist begrenzt.

---

4 Vgl. *Deutsche UNESCO-Kommission*, Inklusion: Leitlinien für die Bildungspolitik, Bonn, 2014, S. 18.

5 Inklusive Bildung von Kindern und Jugendlichen mit Behinderung in Schulen, Beschluss der Kultusministerkonferenz vom 20.10.2011, S. 16, http://www.kmk.org/fileadmin/Dateien/veroeffentlichungen_beschluesse/2011/2011_10_20-Inklusive-Bildung.pdf (Aufruf 3.12.2016).

6 http://www.institut-fuer-menschenrechte.de/fileadmin/_migrated/tx_commerce/Studie_Inklusive_Bildung_Schulgesetze_auf_dem_Pruefstand.pdf, Quelle: Deutsches Institut für Menschenrechte.

1. Art. 24 UN-BRK als Bestandteil des internationalen Menschenrechtskanons

Es gibt inzwischen zahlreiche internationale und europäische Rechtsinstrumente, die das Recht auf Bildung regulieren. Es ist in fast allen Kernmenschenrechtskonventionen der Vereinten Nationen enthalten. Zentral für den Menschenrechtsdiskurs zur Inklusion sind folgende Menschenrechtsquellen, die hier in chronologischer Reihenfolge genannt seien: die Allgemeine Erklärung der Menschenrechte von 1948 (AEMR), die Konvention gegen Diskriminierung der UNESCO von 1960, das Internationale Übereinkommen über wirtschaftliche, soziale und kulturelle Rechte von 1966 (Sozialpakt) und das Übereinkommen über die Rechte des Kindes von 1989 (UN-Kinderrechtskonvention). Auf europäischer Ebene sind insbesondere die Europäische Menschenrechtskonvention und ihr 1. Zusatzprotokoll von 1952, die Europäische Sozialcharta in ihrer revidierten Fassung von 1996 und die EU-Grundrechtecharta von 2000 zu nennen. Aus Zeitgründen werde ich mich in meinem Vortrag auf die UN-Normen konzentrieren.

Art. 26 AEMR enthält drei Abschnitte, die das Recht auf Bildung als allgemeines Menschenrecht konturieren. Abs. 1 kodifiziert das Recht auf Bildung als individuelles Recht und den Anspruch auf unentgeltlichen Unterricht im Primarbereich. Abs. 2 enthält Vorgaben für die curriculare Ausrichtung des Bildungswesens, das auf die volle Entfaltung der menschlichen Persönlichkeit, auf die Stärkung der Achtung der Menschenrechte und Grundfreiheiten und auf Frieden und Toleranz gerichtet sein muss; eine Vorgabe, die im deutschen Bildungswesen bislang nur spärlich Beachtung gefunden hat. Abs. 3 schließlich beschäftigt sich mit den Elternrechten.

Art. 13 des internationalen Sozialpaktes, die so genannte Mutternorm des Rechts auf Bildung, greift diese drei Kernelemente in erweiterter Form, aber in anderer Reihenfolge auf. Bildung soll allen Menschen zustehen und der Entfaltung ihrer Persönlichkeit und ihrer Menschenwürde dienen. Bildung soll auch der Stärkung der Menschenrechte, der Toleranz und dem Frieden dienen. Die Primarbildung ist kostenfrei und verpflichtend zu gewähren, während die Sekundarbildung diskriminierungsfrei zu gewähren ist. Die Entscheidungsrechte der Eltern werden auf das Recht, private Bekenntnisschulen zu wählen, konkretisiert.

Der für die Überwachung des Sozialpaktes zuständige Fachausschuss der Vereinten Nationen für wirtschaftliche, soziale und kulturelle Rechte hat das Recht auf Bildung in verschiedenen Allgemeinen Bemerkungen, im Englischen *General Comments* genannt, näher interpretiert. Am bekanntesten und wichtigsten ist die 13. Allgemeine Bemerkung, [7] die die vier Strukturelemente für die Realisierung des Rechts auf Bildung enthält, welche in Anlehnung an die englische Terminologie als die „4 A" bezeichnet werden. Diese lauten *availability, accessibility, acceptability* und *adaptability*. *Available*, d.h. allgemein verfügbar, ist Bildung, wenn allgemeine Schulen hinreichend und funktionsfähig zur Verfügung stehen. *Accessible,* d.h. allgemein zugänglich, ist Bildung, wenn keiner Gruppe und keinem Individuum der Zugang faktisch oder rechtlich verwehrt wird. *Acceptable*, d.h. annehmbar bzw. angemessen, ist Bildung, deren Inhalte und Formen relevant, kulturell angemessen und hochwertig sind und der vollen Entfaltung der Persönlichkeit und der Förderung der Menschenrechte und des Friedens dienlich sind. *Adaptable*, d.h. anpassungsfähig, ist Bildung schließlich, wenn sie sich den veränderten gesellschaftlichen Bedingungen und Werten sowie den Bedürfnissen der Individuen mit ihren jeweiligen eigenen Bedingungen anpasst.

Der Fachausschuss für wirtschaftliche, soziale und kulturelle Rechte ist in seiner Allgemeinen Bemerkung Nr. 5[8] auf die Bildungsrechte behinderter Menschen eingegangen und hat darin das Recht auf barrierefreie und integrative Bildung betont. Das war 1994, als der Begriff der Inklusion sich im internationalen Menschenrechtsdiskurs noch nicht etabliert hatte. Heute besteht aus völkerrechtlicher Perspektive kein Zweifel, dass zwischen integrativer und inklusiver Bildung ein Unterschied besteht. Auf diesen werde ich zurückkommen.

Die Kinderrechtskonvention enthält mit Art. 28 und 29 zwei Artikel zum Recht auf Bildung und widmet mit Art. 23 eine weitere Norm behinderten Kindern allgemein. Das Recht auf Bildung wird, ähnlich wie im Sozialpakt, konzipiert als Recht auf kostenfreie und verpflichtende Primarbildung, als Recht auf gleichberechtigten – nur auf Fähigkeiten basierenden – Zugang zur Sekundarbildung und als Recht auf eine Bildung, die der größtmöglichen Persönlichkeitsentwicklung und der Menschenrechtserziehung förderlich ist. Als weiteres Bildungsziel wird die Erziehung zu

---

7 *UN-Fachausschuss für wirtschaftliche, soziale und kulturelle Rechte*, GC Nr. 13 (1999): Das Recht auf Bildung (Artikel 13), in: *Deutsches Institut für Menschenrechte*, Die General Comments zu den VN-Menschenrechtsverträgen. Deutsche Übersetzung und Kurzeinführungen. Baden-Baden: Nomos, 2005.

8 *Ders.* GC Nr. 5 (1994): Menschen mit Behinderungen, ebd.

Toleranz, zur Verantwortung in einer freien Gesellschaft, zum Respekt vor Gleichberechtigung der Geschlechter und vor ethnischen, nationalen und religiösen Unterschieden sowie zum Respekt vor der Natur genannt. Das Elternrecht findet zwar Erwähnung, wird aber nicht mehr genau bestimmt. Nach Art. 23 haben behinderte Kinder einen Anspruch auf *„special care"*, was sich mit „besondere Hilfen" übersetzen lässt. In seiner, im Jahre 2006 verabschiedeten Allgemeinen Bemerkung Nr. 9[9] zu behinderten Kindern, stellte der zuständige Fachausschuss klar, dass unter den besonderen Hilfen keine Sonderwelten zu verstehen sind, sondern die „maximale Inklusion dieser Kinder" das Ziel dieser Norm ist.

Schließlich ist das UNESCO-Übereinkommen gegen Diskriminierung in der Bildung von zentraler Bedeutung für das Verständnis des Rechts behinderter Kinder auf inklusive Bildung, obwohl das UNESCO-Übereinkommen die Kategorie Behinderung nicht erwähnt. Es enthält jedoch eine Definition des Begriffs der Bildungsdiskriminierung und eine Aussage zu segregierenden bzw. separierenden Bildungseinrichtungen. In Übereinstimmung mit anderen Menschenrechtskonventionen wird Diskriminierung definiert als: Unterscheidung, Ausschluss, Limitierung oder Bevorzugung auf der Basis von Ethnie oder Hautfarbe, Geschlecht, Sprache, Religion, politischer oder anderer Meinung, nationaler oder sozialer Herkunft, wirtschaftlicher Bedingung oder Geburt mit dem Zweck oder dem Ergebnis, dass die Gleichbehandlung in der Bildung beeinträchtigt wird.[10] Als Beispiele für Bildungsdiskriminierung werden separate Bildungseinrichtungen für Personen oder Personengruppen sowie das Angebot einer Bildung auf niedrigerem Niveau genannt. Nur ausnahmsweise sind separate Bildungseinrichtungen nach diesem Übereinkommen erlaubt. Als Voraussetzungen für diese Ausnahmen sind zu nennen: Bildung auf gleichem Niveau, Elternwille, Freiwilligkeit und die Möglichkeit, jederzeit in Regelschulen zu wechseln. Damit lässt sich festhalten, dass segregierende bzw. separate Bildung im Völkerrecht nur ausnahmsweise erlaubt ist. Für sie gilt die Vermutung der Bildungsdiskriminierung.[11]

---

9 *UN-Ausschuss für die Rechte des Kindes*, GC Nr. 9 (2006): Die Rechte der Kinder mit Behinderungen, in: *Deutsches Institut für Menschenrechte*, Die General Comments zu den VN-Menschenrechtsverträgen. Deutsche Übersetzung und Kurzeinführungen. Baden-Baden: Nomos, 2005.

10 Art. 1 Abs. 1 (UNESCO) Convention Against Discrimination in Education (1960).

11 Art. 2 (UNESCO) Convention Against Discrimination in Education (1960).

2. Art. 24 UN-BRK: Inhalt

Wie die anderen Artikel der UN-Behindertenrechtskonvention schafft Art. 24 kein neues Menschenrecht, sondern schneidet das Menschenrecht auf Bildung auf den Kontext von Behinderung zu.[12] Gleichwohl lässt sich sagen, dass Art. 24 UN-BRK das Recht auf Bildung weiterentwickelt. Das internationale Völkerrecht wird von allen modernen Menschenrechtsübereinkommen weiterentwickelt. Es wäre misslich, wenn dem nicht so wäre. Das gilt insbesondere für das internationale Menschenrecht, das immer eine normative Antwort auf kollektiv erlebte Menschenrechtsverletzungen ist.

Der besondere Inhalt des Rechts auf inklusive Bildung nach Art. 24 UN-BRK erstreckt sich über fünf Absätze. Abs. 1 normiert den Wesensgehalt des Rechts auf Bildung und die allgemeine Staatenpflicht, die Abs. 2 bis 4 enthalten die konkreten Umsetzungspflichten, die sich für die Mitgliedsstaaten hieraus für den schulischen Bildungsbereich ergeben, während im 5. Absatz der tertiäre Bildungsbereich angesprochen wird.

Zentraler Bestandteil des Rechts behinderter Menschen auf Bildung ist das Recht auf eine diskriminierungsfreie Bildung. Diese muss darauf gerichtet sein, die Menschenwürde und das Selbstbewusstsein behinderter Menschen voll zur Entfaltung zu bringen sowie die Achtung vor den Menschenrechten und der Vielfalt zu stärken. Bildung muss darauf abzielen, zu einer wirksamen gesellschaftlichen Teilhabe zu befähigen. Eine diskriminierungsfreie Bildung kann nach Art. 24 Abs. 1 nur in einem inklusiven Bildungssystem verwirklicht werden.

Nach Abs. 2 ist es den Mitgliedsstaaten verboten, behinderte Kinder vom allgemeinen Bildungssystem auszuschließen, und sie haben die Pflicht, ihnen den Zugang zu einem inklusiven, hochwertigen Unterricht zu gewähren. Darüber hinaus obliegt Schulen die Pflicht zur Gewährung angemessener Vorkehrungen und individuell angepasster Unterstützungsmaßnahmen. Im 3. Absatz werden die Bedürfnisse von behinderten Menschen hinsichtlich der Entwicklung lebenspraktischer Fertigkeiten und sozialer Kompetenzen angesprochen. Die Förderung des Erlernens von Brailleschrift und anderen Arten alternativer Kommunikation sowie der Gebärdensprache und die Förderung der sprachlichen Identität gehörloser

---

12 *Degener*, Menschenrechtsschutz für behinderte Menschen, Vereinte Nationen 3/2006, S. 104–110.

Menschen werden als geeignete Maßnahmen genannt. Im 4. Absatz geht es um die Pflicht der Mitgliedsstaaten, geeignetes Lehrpersonal einzustellen. Interessanterweise wird dabei kein Bezug auf behindertenspezifische Pädagogik wie die Heil- oder Sonderpädagogik genommen. Ausdrücklich erwähnt werden hingegen Lehrkräfte, die in Gebärdensprache und Brailleschrift ausgebildet sind, sowie selbst behinderte Lehrer und Lehrerinnen. Im 5. Absatz werden die Mitgliedsstaaten verpflichtet, behinderten Menschen gleichen Zugang zu tertiären Bildungssystemen, insbesondere zu Berufs- und Erwachsenenbildung und zu Maßnahmen des lebenslangen Lernens, zu verschaffen, sowie im Einzelfall angemessene Vorkehrungen hierfür zu treffen.

Damit sind, vom Wortlaut her gesehen, der diskriminierungsfreie Zugang sowie die diskriminierungsfreie Teilhabe am regulären Schulsystem der Wesensgehalt des Rechts auf inklusive Bildung. Bemerkenswert ist auch, dass Art. 24 UN-BRK keine Ausführungen zum Elternrecht macht. Letzteres ist meines Erachtens dem Umstand geschuldet, dass sich im Gesetzgebungsverfahren – also während der Verhandlungen zur UN-BRK zwischen 2002 und 2006 in New York – ein Wahlrecht der Eltern bezüglich Sonder- oder Regelbeschulung nicht durchsetzen ließ. Mit der Entscheidung gegen ein solches elterliches Wahlrecht wurde der Text des Art. 24 UN-BRK von jeglichem Bezug zum Elternrecht im Kontext von Bildung gereinigt.

Ob sich aus Art. 24 UN-BRK gleichwohl ein Recht auf Wahl zwischen Sonder- und Regelschule entnehmen lässt, darauf werde ich gleich zurückkommen.

3. Internationale Rechtsprechung und Auslegung des Art. 24 UN-BRK

Nach Art. 31 der Wiener Vertragsrechtskonvention sind Menschenrechtsverträge bekanntlich nach ihrem Wortlaut, ihrem Kontext und ihrem Ziel und Zweck auszulegen. Der Zweck der UN-BRK ergibt sich aus ihrem Art. 1, wonach die Förderung, der Schutz und die Gewährleistung des vollen und gleichberechtigten Genusses der Menschenrechte durch alle Menschen mit Behinderungen und die Achtung ihrer Würde der Zweck des Vertrages ist. Der Kontext des Art. 24 UN-BRK, das sind vor allem die Präambel und andere Normen der UN-BRK. Schließlich ist auch die Rechtsprechung der Fachausschüsse bei der Auslegung internationaler Menschenrechtsnormen zu beachten. Damit sind die Entscheidungen über

Individualbeschwerden nach den Fakultativprotokollen, die Allgemeinen Bemerkungen der Fachausschüsse zur Interpretation einzelner Normen und die so genannten Abschließenden Bemerkungen in den Staatenberichtsverfahren gemeint.

Für das Verständnis des Inhalts des Rechts auf inklusive Bildung sind drei Rechtsbegriffe von zentraler Bedeutung, auf die ich hier kurz eingehen möchte.

Der erste Begriff ist derjenige der Inklusion, der in der UN-Behindertenrechtskonvention nicht definiert wird. Er taucht an verschiedenen Stellen der Konvention auf, als allgemeines Prinzip etwa, oder im Rahmen von Rehabilitation oder selbstbestimmten Lebens in der Gemeinde. Im Bildungsrecht spielt er aber eine besondere Rolle, denn spätestens seit der Salamanca-Erklärung von 1994 gilt, dass er gegenüber dem Begriff der Integration der weitergehende Terminus ist.[13] In der Allgemeinen Bemerkung unseres Fachausschusses zu Art. 24[14] werden die Begriffe Exklusion, Segregation, Integration und Inklusion voneinander unterschieden. Integration gilt danach als Aufnahme einer behinderten Person in einer Regelschule unter der Voraussetzung, dass diese den standardisierten Anforderungen dieser Institution entspricht. Inklusion gilt demgegenüber als Prozess der systematischen Reform, die Veränderungen und Modifikationen hinsichtlich des Lehrinhalts, der Lehrmethode sowie bezüglich Bildungsansatz, Bildungsstrategie und Bildungsstrukturen beinhaltet. Inklusion zielt darauf, Barrieren zu überwinden und allen Schülern und Schülerinnen einer Altersklasse faire und teilhabeorientierte Lernerfahrungen in einer Umgebung zu bieten, die ihren Bedürfnissen und Präferenzen entspricht.[15]

Eine weitere wichtige rechtliche Unterscheidung ist zwischen den Begriffen „Barrierefreiheit" bzw. „Zugänglichkeit" und „angemessene Vorkehrungen" vorzunehmen. Ein inklusives Schulsystem setzt zugängliche Schulen voraus. Was darunter zu verstehen ist, beschreibt Art. 9 der Konvention. Danach bezieht sich Barrierefreiheit auf die drei großen Bereiche physische Umwelt, Transportmittel und Information und Kommunikation. D.h., mindestens Schulgebäude und Unterricht müssen barrierefrei sein.

---

13 *Degener*, Die UN-Behindertenrechtskonvention als Inklusionsmotor, RdjB 2009, 200, 216.

14 *UN CRPD Committee*, General Comment No. 4 (2016) Article 24: Right to inclusive education, CRPD/C/GC/4, advanced unedited version 2 September 2016.

15 *UN CRPD Committee*, General Comment No. 4 aaO, Abs. 11.

Diese allgemeine Pflicht zur Zugänglichkeit ist zu unterscheiden von der Pflicht, im Einzelfall angemessene Vorkehrungen zu gewähren, um behinderten Kindern eine diskriminierungsfreie Bildungsteilhabe zu ermöglichen. Eine Maßnahme der Zugänglichkeit kann z.B. der Einbau eines Aufzugs oder eines rollstuhlgerechten WC sein. Eine Maßnahme der angemessenen Vorkehrungen kann z.B. die Verlängerung der Klausurzeit oder die Abänderung einer mündlichen Prüfung in eine schriftliche Prüfung sein. Beide Maßnahmen, also Aufzug oder rollstuhlgerechtes WC und die Verlängerung der Prüfungszeit, können unter die Pflicht zur Zugänglichkeit oder unter die Pflicht zur Gewährung angemessener Vorkehrungen fallen. Der entscheidende Unterschied liegt in ihrem kollektiven bzw. individuellen Charakter. Die Pflicht zur Barrierefreiheit ist nämlich eine gruppenbezogene Pflicht, während die Pflicht zur Gewährung angemessener Vorkehrungen eine individualbezogene Pflicht ist. In unserer 2014 verabschiedeten Allgemeinen Bemerkung Nr. 2 zu Art. 9 der Konvention[16] heißt es dazu: „Zugänglichkeit bezieht sich auf Gruppen, während sich ‚angemessene Vorkehrungen' auf Einzelpersonen bezieht. Das bedeutet, dass die Pflicht zur Herstellung der Zugänglichkeit eine *ex ante*-Pflicht ist. Die Vertragsstaaten sind daher verpflichtet, Zugänglichkeit herzustellen, bevor eine Anfrage eines Einzelnen auf Zugang oder Nutzung eines Ortes oder einer Dienstleistung eingeht. Die Vertragsstaaten müssen Zugänglichkeitsstandards festlegen, die in Absprache mit Organisationen von Menschen mit Behinderungen verabschiedet werden müssen, und diese Standards müssen für Dienstleister, Bauunternehmer und weitere einschlägige Interessenträger spezifiziert werden. Zugänglichkeitsstandards müssen weit gefasst und standardisiert sein. Bei Einzelpersonen, die seltene Beeinträchtigungen haben, welche bei der Entwicklung der Zugänglichkeitsstandards nicht berücksichtigt wurden, oder die nicht die Modi, Methoden oder Mittel verwenden, die zur Erreichung der Zugänglichkeit angeboten werden (die z.B. Brailleschrift nicht lesen können), kann sogar die Anwendung von Zugänglichkeitsstandards möglicherweise nicht ausreichen, um ihnen den Zugang sicherzustellen. (…) Die Pflicht zur Verwirklichung der Zugänglichkeit gilt *vorbehaltlos,* d.h., die zur Herstellung der Zugänglichkeit verpflichtete Stelle kann sich nicht auf die daraus resultierende Belastung berufen, wenn sie ihrer Pflicht nicht nachkommt. Im Gegensatz dazu be-

16 *UN CRPD Committee*, General Comment No. 2 (2014) Article 9: Accessibility, CRPD/GC/2 advanced unedited version 11 April 2014.

steht die Pflicht zu angemessenen Vorkehrungen nur dann, wenn die Verwirklichung keine unzumutbare Belastung für diese Stelle bedeutet.

(...) Die Pflicht zur Bereitstellung angemessener Vorkehrungen ist eine *ex nunc*-Verpflichtung, was bedeutet, dass sie von dem Zeitpunkt an durchsetzbar ist, in dem eine Person mit einer Beeinträchtigung diese Anpassung in einer bestimmten Situation (Arbeitsstätte, Schule etc.) benötigt, um ihre Rechte in einem bestimmten Kontext gleichberechtigt wahrnehmen zu können. Hier können Zugänglichkeitsstandards ein Indikator sein, dürfen aber nicht als präskriptiv betrachtet werden. (...) Angemessene Vorkehrungen sollen Einzelfallgerechtigkeit in dem Sinne erreichen, dass Nichtdiskriminierung oder Gleichberechtigung gewährleistet wird, wobei die Würde, die Autonomie und die Entscheidung des Einzelnen Berücksichtigung finden."[17]

Diese unterschiedlichen Pflichten und ihre Bedeutung für die Verwirklichung inklusiver Bildung wurden in der bisherigen juristischen Diskussion zur UN-BRK kaum wahrgenommen. Sie sind aber bedeutsam und der deutschen Rechtsordnung auch nicht ganz fremd. Während Zugänglichkeit unter dem Begriff der Barrierefreiheit bereits in der alten Fassung des Behindertengleichstellungsgesetzes von 2002 enthalten war, wurde der Begriff der angemessenen Vorkehrungen nun in die Novelle zum BGG, die noch als Entwurf vorliegt, aufgenommen. Der Begriff kommt aus dem amerikanischen Antidiskriminierungsrecht, wurde sodann Anfang des Jahrtausends in das EU-Gleichstellungsrecht aufgenommen und schließlich mit der UN-Behindertenrechtskonvention 2006 Bestandteil des internationalen Menschenrechts. Damit wurde zugleich ein neuer Diskriminierungsbegriff in das internationale Recht aufgenommen. Denn als Diskriminierung gilt seither nicht nur eine Unterscheidung, Ausschließung oder Beschränkung, die zum Ziel oder zur Folge hat, dass Menschenrechte beeinträchtigt oder vereitelt werden. Als Diskriminierung aufgrund einer Behinderung gilt auch die Verweigerung einer angemessenen Vorkehrung. Die Definition angemessener Vorkehrungen lautet: „notwendige und geeignete Änderungen und Anpassungen, die keine unverhältnismäßige oder unbillige Belastung darstellen und die, wenn sie in einem bestimmten Fall erforderlich sind, vorgenommen werden, um zu gewährleisten, dass Men-

---

17 *UN CRPD Committee*, General Comment No. 2 (2014) aaO, Abs. 25–26, Übersetzung BMAS vgl. http://www.einfach-teilhaben.de/SharedDocs/Downloads/DE/StdS/UN_BRK/AfMmB-Allg%20Bemerk%20Nr.%202-2014.html?nn=5243776 (Aufruf 3.12.16).

schen mit Behinderung gleichberechtigt mit anderen alle Menschenrechte und Grundfreiheiten genießen oder ausüben können".[18]

Beide Pflichten, die Herstellung von Zugänglichkeit/Barrierefreiheit und die Gewährung angemessener Vorkehrungen sind Antidiskriminierungspflichten. Eine Verweigerung einer angemessenen Vorkehrung erfüllt den Tatbestand der Diskriminierung unmittelbar. So steht es in der UN-BRK geschrieben (Art. 2). Die Verweigerung von Zugänglichkeit kann den Tatbestand der Diskriminierung erfüllen, das sagt die Allgemeine Bemerkung Nr. 2 zu Art. 9 der UN-BRK.

Die Einordnung dieser Pflichten als Antidiskriminierungspflichten bedeutet zugleich, dass diese unmittelbar umgesetzt werden müssen. Das gilt, obwohl das Bildungsrecht zu den so genannten sozialen Menschenrechten gehört, die nach Art. 4 Abs. 2 UN-BRK schrittweise – im Rahmen vorhandener Ressourcen – zu realisieren sind. Dieser Progressionsvorbehalt gilt im Völkerrecht jedoch nicht für Antidiskriminierungspflichten. Deshalb wird richtigerweise in der deutschen juristischen Literatur inzwischen mehrheitlich vertreten, dass sich aus Art. 24 ein Antidiskriminierungsanspruch ableiten lässt, der auch individuell einklagbar ist.[19] Behinderte Schüler und Schülerinnen dürfen deshalb grundsätzlich nicht aufgrund ihrer Behinderung von einer Regelschule abgewiesen werden. Diese Rechtsauffassung hat der Fachausschuss zur UN-BRK in mehreren Abschließenden Bemerkungen formuliert. Sie wird auch in der Allgemeinen Bemerkung zu Art. 24 UN-BRK vertreten.[20]

Ich komme nun zurück auf die Frage, ob sich aus Art. 24 UN-BRK ein Wahlrecht der Eltern hinsichtlich Regelschule oder Sonder-/Förderschule entnehmen lässt. Diese Auffassung wird verschiedentlich vertreten. Sie wird unterschiedlich begründet. So wird auf Art. 23 UN-Kinderrechtskonvention rekurriert, nach dem behinderte Kinder einen Anspruch auf beson-

---

18 Art. 2 UN-BRK.

19 Vgl. etwa z.B. *Krajewski/Bernhard*, Artikel 24 – Bildung, in: *Welke* (Hg.), UN-Behindertenrechtskonvention, Berlin, [Freiburg im Breisgau] 2012, 164–175, Rn 19–24; *Siehr/Wrase*, Das Recht auf inklusive Schulbildung als Strukturfrage des deutschen Schulrechts – Anforderungen aus Art. 24 BRK und Art. 3 Abs. 3 S. 2 GG, Recht der Jugend und des Bildungswesens 2 (2014) 161–182 (172 f).

20 *UN CRPD Committee*, General Comment No. 4, aaO, Abs. 40. Auch die Studie zum Recht auf inklusive Bildung des Hohen Kommissars für Menschenrechte vertritt eine "No rejection duty", vgl. *United Nations, Office of High Commissioner for Human Rights*, Thematic study on the right of persons with disabilities to education, A/HRC/25/29 published 18 December 2013.

dere Hilfen haben. Sie wird ferner mit Art. 24 Abs. 3 UN-BRK begründet, in dem gehörlose, taubblinde und blinde Schüler und Schülerinnen besonders erwähnt werden.[21] Zumindest für diese Gruppen von behinderten Personen, so wird argumentiert, sehe auch die UN-BRK Sonderschulen vor. Schließlich wird von den Vertretern dieser Rechtsauffassung auf die Formulierung in der Abschließenden Bemerkung zum 1. deutschen Staatenbericht verwiesen, die 2015 vom Fachausschuss verabschiedet wurde. Dort heißt es zum Thema Bildung in Deutschland: „Der Ausschuss empfiehlt dem Vertragsstaat, (…) im Interesse der Inklusion das segregierte Schulwesen zurückzubauen, und empfiehlt, dass Regelschulen mit sofortiger Wirkung Kinder mit Behinderungen aufnehmen, *sofern dies deren Willensentscheidung ist*".[22] Aus diesem Vorbehalt der Willensentscheidung wird ein Wahlrecht herausgelesen. Lassen Sie mich in der gebotenen Kürze auf diese Argumente eingehen. Zunächst zu Art. 23 UN-Kinderrechtskonvention. Hier habe ich bereits auf die Allgemeine Bemerkung Nr. 9 des Fachausschusses für die Rechte der Kinder verwiesen, in der klargestellt wird, dass der Anspruch auf besondere Hilfen als inklusiver Anspruch gesehen werden muss. Zu Art. 24 Abs. 3 UN-BRK ist zu sagen, dass der Wortlaut selbst keinen Hinweis auf Sonderschulen enthält. Zwar wird in Abs. 3 c) die Pflicht statuiert, „dass blinde(n), gehörlose(n) und taubblinde(n) Menschen (…) Bildung in den Sprachen und Kommunikationsformen (...), die für den Einzelnen am besten geeignet sind, sowie in einem Umfeld vermittelt wird, das die bestmögliche schulische und soziale Entwicklung gestattet". Doch ist damit offensichtlich der Integration eine Absage erteilt. Denn das hat die Erfahrung gelehrt: Blinde, gehörlose, taubblinde Kinder in einer Regelschule ohne Anpassung der Kommunikationsformen zu unterrichten, bedeutet Exklusion dieser Kinder. Sinnesbeeinträchtigte Menschen brauchen Braille, Gebärdensprache, aktive Kommunikationsformen und andere Kommunikationsformen, um gleichberechtigt an der Bildung teilhaben zu können. Ob aber andersherum Gehörlosen-

---

21 *Kreutz/Lachwitz/Trenk-Hinterberger,* Die UN-Behindertenrechtskonvention in der Praxis. Erläuterungen der Regelung und Anwendungsgebiete. Köln: Luchterhand 2013, Art. 24, Rn. 20.

22 Abschließende Bemerkungen über den ersten Staatenbericht Deutschlands, Nr. 46 lit. (b); veröffentlicht durch das Deutsche Institut für Menschenrechte: http://www.institut-fuer-menschenrechte.de/monitoring-stelle-un-brk/staatenpruefung/abschliessende-bemerkungen/abschliessende-bemerkungen-im-wortlaut/. (Hervorhebung durch die Verfasserin).

schulen oder Blindenschulen die bestmögliche schulische und soziale Entwicklung gestatten, wage ich zu bezweifeln. Ich bin seit nunmehr 18 Jahren Professorin an einer Hochschule, die sich frühzeitig dem Anspruch auf Inklusion verpflichtet hat. Ich habe deshalb bereits mehrere blinde und gehörlose Studierende kennen lernen dürfen. Meine Erfahrung ist, dass gehörlose oder blinde Studierende, die an einer Sonderschule waren, in ihrem Bildungsniveau erheblich hinter denen zurückbleiben, die an einer Regelschule waren. Ich gebe aber zu, dass ich damit noch keinen wissenschaftlichen Beweis geführt habe und die grammatikalische Interpretation des Wortlauts „Umfeld" auch andere Deutungen zulässt. In diesem Fall ist nach der Wiener Vertragsrechtskonvention (Art. 32) die historische Interpretation der Norm zulässig, also der Rückgriff auf die Materialien des Gesetzgebungsverfahrens, die „travaux préparatoires". Auch nach dieser Interpretation ergibt sich kein Wahlrecht auf Sonderschulen. Denn ein solches war im 1. Entwurf der UN-BRK vorgesehen, den eine Arbeitsgruppe 2004 entwickelt hatte, der ich selbst angehörte.[23] Dieser Entwurf wurde aber gerade wegen des Wahlrechts verworfen. Auch in den folgenden Sitzungen des Ad-hoc-Ausschusses, der den Text der UN-BRK erarbeitete, wurde verschiedentlich versucht, ein Wahlrecht einzufügen. Dieser Versuch scheiterte jedoch an den Mehrheitsverhältnissen.[24] Die historische Interpretation der Norm ist eindeutig. Art. 24 UN-BRK enthält ein Recht auf inklusive Bildung, aber kein Recht auf Wahl zwischen Sonder- und Regelschule.[25]

4. Fazit

Ich komme zum Schluss.

Katarina Tomasevski, die von 1998–2004 die 1. Sonderbeauftragte der Vereinten Nationen für das Recht auf Bildung war, charakterisierte einmal die vier historischen Abschnitte der graduellen Verwirklichung des Menschenrechts auf Bildung. Die 1. Phase ist gekennzeichnet durch die Anerkennung eines *Rechts* auf Bildung. Von diesem Recht wurden aber bereits gleich zu Anfang einige Menschen ausgeschlossen; so etwa Immigranten

---

23 Art. 17 (education), http://www.un.org/esa/socdev/enable/documents/ahcwgreport.pdf, Quelle: Report of the Working Group to the Ad Hoc Committee.

24 *Degener* (Fn. 13), RdjB 2009, 200, 214 f.

25 Vgl. *Poscher/Rux/Langer*, Von der Integration zur Inklusion (2008), S. 24.

und Dienstboten. In der 2. Phase wurde das Recht auf Bildung durch *Separation* realisiert. Mädchen, behinderten Kindern, farbigen Kindern wurde zwar ein Recht auf Bildung zugestanden, jedoch nur in getrennten Schulen. In der 3. Phase ist das Ziel die *Integration*, die jedoch durch Assimilation erlangt werden soll. Nur denjenigen wird Zugang zum allgemeinen Schulsystem gewährt, die sich dem System anpassen können. Erst in der 4. Phase, so Tomasevski, wird das Recht auf Bildung als inklusives Bildungsrecht auf der Grundlage eines Respekts vor Verschiedenheit verstanden.[26] Das internationale Menschenrecht auf Bildung hat mit Art. 24 UN-BRK diese 4. Stufe erreicht. Bei uns in Deutschland ist diese Erkenntnis aber noch nicht angekommen.

---

26 Vgl. auch *Degener* (Fn. 13), RdjB 2009, 200, 215.

Verantwortlichkeit von Schule und Sozialleistungsträgern für Barrierefreiheit und angemessene Vorkehrungen für behinderte Schülerinnen und Schüler[1]

Felix Welti

1. Einleitung

Reichweite, Bedingungen und Organisation des Unterrichts von behinderten Schülerinnen und Schülern, vor allem in allgemeinen Schulen außerhalb des Sonder- oder Förderschulwesens, sowie in der beruflichen Bildung sind spätestens seit den 1990er Jahren ein relevantes Thema für die Bildungs- und Sozialpolitik und für das Recht.[2] Die Gleichstellung behinderter Menschen wurde zuerst mit den Verfassungen der neuen Länder, dann 1994 mit dem Satz „Niemand darf wegen seiner Behinderung benachteiligt werden" in Art. 3 Abs. 3 Satz 2 Grundgesetz (GG) Gegenstand des deutschen Verfassungsrechts.[3] Im gleichen Jahr sprachen sich die Salamanca-Erklärung der UNESCO und die Empfehlung der KMK (Kultusministerkonferenz) zur sonderpädagogischen Förderung für die Integration behinderter Kinder in allgemeine Bildungseinrichtungen aus.[4]

---

1 Vortrag beim 4. Deutschen Schulrechtstag am 30.6.2016 in Berlin. Der Text wurde in einer früheren Fassung in Recht der Jugend und des Bildungswesens (RdJB) 2015, S. 34-47 veröffentlicht. Für Recherchen danke ich Frau Dipl.-Jur. Maren Giese. Der Text wurde auf den Stand des Gesetzes zur Stärkung der Teilhabe und Selbstbestimmung von Menschen mit Behinderungen (Bundesteilhabegesetz – BTHG) vom 23.12.2016, BGBl. I 3234, aktualisiert.

2 *Füssel, H.-P.*, Auf dem Weg zur Integration?, Recht der Jugend und des Bildungswesens, 1996, S. 188-194; *Reichenbach, P.*, Der Anspruch behinderter Schülerinnen und Schüler auf Unterricht in der Regelschule, Berlin 2001; *Reimann, J.*, Die Sicherstellung des Schulbesuchs behinderter Kinder mit Mitteln des Schul- und Sozialrechts, Hamburg 2007.

3 *Sachs, M.*, Das Grundrecht der Behinderten aus Art. 3 Abs. 3 Satz 2 GG, Recht der Jugend und des Bildungswesens, 1996, S. 154-174; *Welti, F.*, Behinderung und Rehabilitation im sozialen Rechtsstaat, Tübingen 2005.

4 *Füssel, H.-P.*, Auf dem Weg zur Integration?, Recht der Jugend und des Bildungswesens, 1996, S. 188-194.

1997 hatte das Bundesverfassungsgericht (BVerfG) seine erste Entscheidung hierzu über die Verfassungsbeschwerde eines behinderten Mädchens zu treffen, das mit seinen Eltern die Entscheidung der niedersächsischen Schulbehörden nicht akzeptieren wollte, durch die ihm der Besuch einer Gesamtschule verwehrt wurde.[5] Auch wenn diese Verfassungsbeschwerde für die konkrete Beschwerdeführerin nicht erfolgreich war, stellte das Gericht doch klar, dass die Pflicht zum Besuch einer Sonderschule gegen den Willen von Eltern und Schülern eine verbotene Benachteiligung sein kann und dass aktives Tun des Staates geboten sein kann, um Benachteiligungen zu vermeiden. Das Verfassungsrecht verlangt die Auseinandersetzung von Verwaltung und Gerichten mit der Frage, ob die gewünschte Form der Schule möglich ist. Die strittige Frage, ob dem Mädchen eine „pädagogisch oder therapeutisch ausgebildete Stützkraft" gestellt werden müsse, wurde übrigens allein mit Blick auf das Schulrecht behandelt, ohne die sozialrechtliche Eingliederungshilfe in Betracht zu ziehen. Für die Schule aber, so die Gerichte damals, war es unverhältnismäßig, diese zu stellen.

Seit den 1990er Jahren wurden die schulrechtlichen Grundlagen für den Schulbesuch behinderter Schülerinnen und Schüler in vielen deutschen Ländern reformiert. Die Möglichkeit des Regelschulbesuchs bei sonderpädagogischem Förderbedarf wurde ausgeweitet und zum Teil mit Vorrang versehen.[6] Seitdem haben sich auch die Leistungen der Sozialhilfe und der Jugendhilfe zur Unterstützung des Schulbesuchs ausgeweitet.

Einen neuen Schub bekamen die politischen und rechtlichen Diskussionen durch die UN-Behindertenrechtskonvention – UN-BRK[7]. In Art. 24 UN-BRK wird das soziale Menschenrecht auf Bildung für behinderte Menschen garantiert und konkretisiert.[8] Auch in Reaktion darauf hat die

5 BVerfG, Urt. v. 8.10.1997, Az. 1 BvR 9/97, BVerfGE 96, 288-315; dazu: *Füssel, H.-P.*, „Integrative Beschulung (ist die) verstärkt realisierungswürdige Alternative zur Sonderschule", Recht der Jugend und des Bildungswesens, 1998, S. 250-255; *Caspar, J.*, Das Diskriminierungsverbot behinderter Personen nach Art. 3 Abs. 3 S. 2 GG und seine Bedeutung in der aktuellen Rechtsprechung, EuGRZ 2000, S. 135-144.

6 Vgl. z.B. § 4 Abs. 13 SchulG SH.

7 Zuletzt: BVerfG, Nichtannahmebeschluss v. 10.10.2014, 1 BvR 856/13; BAG, Urt. v. 19.12.2013, 6 AZR 190/12, NZA 2014, 372; BSG, Urt. v. 6.3.2012, B 1 KR 10/11 R, BSGE 110, 194.

8 *Poscher, R./ Rux, J./ Langer, T.*, Von der Integration zur Inklusion, Baden-Baden, 2008; *Degener, T.*, Die UN-Behindertenrechtskonvention als Inklusionsmotor,

KMK am 20.10.2011 den Beschluss „Inklusive Bildung von Kindern und Jugendlichen mit Behinderung in Schulen“ gefasst und wurden viele Schulgesetze geändert.[9]

Viel diskutiert worden sind dabei die relativ wenigen Klagen, in denen der Zugang zum Regelschulsystem unmittelbar im Streit stand.[10] Oft ist aber auch die konkrete Verantwortlichkeit von Schulen oder Sozialleistungsträgern für angemessene Vorkehrungen und Zugänglichkeit in der Schule im Zusammenhang gleichberechtigter Teilhabe am Bildungswesen relevant.[11]

Angemessene Vorkehrungen sind nach Artikel 5 Abs. 3 und Artikel 2 UN-BRK diejenigen notwendigen und geeigneten Änderungen und Anpassungen, die vorgenommen werden, um zu gewährleisten, dass Menschen mit Behinderungen gleichberechtigt mit anderen ihre Menschen-

---

Recht der Jugend und des Bildungswesens 2009, S. 200-219; *Ellger-Rüttgardt, S.*, Die UN-Konvention über die Rechte von Menschen mit Behinderungen und ihre Herausforderungen für die deutsche Bildungspolitik, Die Rehabilitation 2009, S. 369-374; *Riedel, E./ Arend, J.-M.*, Im Zweifel Inklusion: Zuweisung an eine Förderschule nach Inkrafttreten der BRK, Neue Zeitschrift für Verwaltungsrecht, 2010, S. 1346-1349; *Faber, A./ Roth, V.*, Die Umsetzung der UN-Behindertenrechtskonvention durch die Schulgesetzgebung der Länder, Deutsches Verwaltungsblatt, 2010, S. 1193-1204; *Krajewski, M.*, Ein Menschenrecht auf integrativen Schulunterricht, Juristenzeitung, 2010, S. 120-125; *Pluhar, C.*, Auf dem Weg zu einem inklusiven Schulsystem, RdJB 2011, S. 218-226; *Dörschner, D.*, Die Rechtswirkungen der UN-Behindertenrechtskonvention in Deutschland am Beispiel des Rechts auf inklusive Bildung, Berlin 2014; *Siehr, A./ Wrase, M.*, Das Recht auf inklusive Bildung als Strukturfrage des deutschen Schulrechts – Anforderungen aus Art. 24 BRK und Art. 3 Abs. 3 S. 2 GG, RdJB 2014, S. 161-182; *Mißling, S./Ückert, O.*, Das Recht auf inklusive Bildung in der Schule, RdJB 2015, S. 63-78.

9 Überblick bei *Mißling, S./ Ückert, O.*, Inklusive Bildung: Schulgesetze auf dem Prüfstand, unter www.institut-fuer-menschenrechte.de, 2014; beispielhaft: *van den Hövel, W.*, Inklusion statt Integration: Zur Umsetzung von Artikel 24 der VN-Behindertenrechtskonvention in Nordrhein-Westfalen, RdJB 2014, S. 183-199; *Eikötter, M.*, Inklusives Schulsystem am Beispiel Niedersachsens, NordÖR 2015, S. 53-62.

10 *Bernhard, T.*, Art. 24 UN-BRK: Rezeption in der Rechtsprechung nach fünf Jahren, RdJB 2015, S. 79-89.

11 Vgl. z.B. *Mißling, S./Ückert, O.*, Das Recht auf inklusive Bildung in der Schule, RdJB 2015, S. 63 (66ff.); *Luik, S.*, Unterstützung von Kindern im Schulunterricht durch Leistungen der Sozialhilfe, jurisPR-SozR 23/2014, Anm. 5.

rechte genießen und ausüben können.[12] Der Rechtsbegriff der „reasonable accommodation“ ist nicht neu, sondern im angelsächsischen Antidiskriminierungsrecht seit langem gebräuchlich[13] und durch Art. 5 der Europäischen Gleichbehandlungsrahmenrichtlinie 2000/78/EG bereits seit über einem Jahrzehnt in Deutschland anwendbar. Der Sache nach sind angemessene Vorkehrungen auch dem Bildungsrecht nicht fremd: Nachteilsausgleiche im Prüfungsrecht sind genau solche gebotenen Ungleichbehandlungen, die für Chancengleichheit im Ergebnis sorgen sollen.[14]

Es geht bei angemessenen Vorkehrungen um dasjenige Maß an Ungleichbehandlung, das nötig ist, um Gleichberechtigung beim Zugang zu einem Menschenrecht, etwa dem Recht auf Bildung, zu erreichen. In diesem Sinne können Förderlehrkräfte und Schulhilfskräfte ebenso angemessene Vorkehrungen sein wie individuelle Hilfsmittel und Umbauten. Angemessene Vorkehrungen sind individuell; ihre Gebotenheit ist durch die Verhältnismäßigkeit für die Verpflichteten – im Falle des Rechts auf Bildung zumeist den Staat – begrenzt. Den Maßstab der Angemessenheit zu finden ist entscheidend. Wer vom Sozialhilferecht her kommt, argumentiert mit dem menschenwürdigen Existenzminimum[15]. Vom Schulrecht aus ist der Erfolg der eingeschlagenen Schullaufbahn entscheidend. Nach Art. 24 Abs. 1 lit. b UN-BRK orientiert sich der Maßstab daran, dass „Menschen mit Behinderungen ihre Persönlichkeit, ihre Begabungen und

---

12 Welti, F., Das Diskriminierungsverbot und die „angemessenen Vorkehrungen“ in der BRK – Stellenwert für staatliche Verpflichtung zur Umsetzung der in der BRK geregelten Rechte, Diskussionsforumsforum Rehabilitations- und Teilhaberecht, Forum D Nr. 9/2012, www.reha-recht.de, 2012; Aichele, V., Barrieren im Einzelfall überwinden: Angemessene Vorkehrungen gesetzlich verankern. Forum D Nr. 6/2012, www.reha-recht.de.

13 Vgl. Leder, T., Das Diskriminierungsverbot wegen einer Behinderung, Berlin, 2006; Fuerst, A.-M., Behinderung zwischen Diskriminierungsschutz und Rehabilitationsrecht, Baden-Baden 2009; Waddington, L/ Lawson, A., Behinderung und europäisches Recht zur Nichtdiskriminierung, Luxemburg, 2010; Wenckebach, J., Antidiskriminierungsrechtliche Aspekte des Kündigungsschutzes in Deutschland und England, Baden-Baden 2012; Kocher, E./ Wenckebach, J., § 12 AGG als Grundlage für Ansprüche auf angemessene Vorkehrungen, Soziales Recht 2013, S. 17-28.

14 So auch Marwege, G., Legasthenie und Dyskalkulie in der Schule, Göttingen, 2013, S. 140 ff.

15 Dillmann, F./ Wildanger, B., Halbjahreszeugnis – Nicht ausreichend gelöste Rechtsprobleme individueller schulischer Assistenz für Schülerinnen und Schüler mit Behinderungen, Behindertenrecht 2014, S. 113-128.

ihre Kreativität sowie ihre geistigen und körperlichen Fähigkeiten voll zur Entfaltung zu bringen".

Angemessene Vorkehrungen sind zu unterscheiden von Maßnahmen zur allgemeinen Zugänglichkeit (Art. 9 UN-BRK) des Bildungswesens wie Fahrstühlen oder barrierefrei editierten Lehr- und Lernmitteln. Deutsche Gesetze benutzen hier meist den Begriff der Barrierefreiheit.[16] Wie auch anderswo können im Bildungswesen die Grenzen zwischen individualbezogenen angemessenen Vorkehrungen und strukturell vorhandenen Maßnahmen zur Zugänglichkeit fließend sein. Gleichwohl ist die Zuordnung oft dafür relevant, wer wozu konkret verpflichtet ist.

Art. 24 Abs. 2 lit. c UN-BRK verlangt, dass die notwendige Unterstützung „innerhalb des allgemeinen Bildungssystems" geleistet wird. Dies richtet sich auf möglichst weit gehende gemeinsame Regelungen und gegen Institutionen, die behinderte Kinder isolieren[17]. Überspannt würde diese Aussage, wenn daraus abgeleitet würde, dass ihre Unterstützung auch aus dem allgemeinen Bildungsetat bezahlt werden muss. Das ist auch daran erkennbar, dass nach Art. 26 Abs. 1 Satz 2 UN-BRK die Vertragsstaaten umfassende Habilitations- und Rehabilitationsdienste und -programme organisieren, insbesondere auf den Gebieten der Gesundheit, der Beschäftigung, der Bildung und der Sozialdienste. Ein Ergänzungsverhältnis zwischen Bildungssystem und Rehabilitation ist also auch in der UN-BRK vorausgesetzt. Ebenso nennt Art. 9 Abs. 1 Satz 2 lit a UN-BRK geeignete Maßnahmen zur Zugänglichkeit von Schulen als allgemeine Pflicht des Staates.

2. Die geltenden Regelungen

2.1 Verantwortlichkeit von Sozialleistungsträgern

2.1.1. Überblick über die Verantwortlichkeit von Sozialleistungsträgern

Die Verantwortlichkeit von Sozialleistungsträgern für die Rehabilitation und Teilhabe behinderter Kinder und Jugendlicher ist geteilt. Es gibt nach dem SGB IX die Leistungsgruppen der medizinischen Rehabilitation, der

16 Vgl. z.B. § 4 BGG.

17 Vgl. General Comment No 4 (2016) Article 24, CRPD/C/GC/4., 2. September 2016.

Leistungen zur Teilhabe am Arbeitsleben und der Leistungen zur Teilhabe am Leben in der Gemeinschaft (§ 5 SGB IX), ab 1.1.2018 auch die Leistungen zur Teilhabe an Bildung[18]. Von diesen sind außerhalb des SGB IX stehende Leistungen zur Krankenbehandlung und solche zur Pflege zu unterscheiden.

Für die Leistungen zur Rehabilitation und Teilhabe können unterschiedliche Leistungsträger zuständig sein (§ 6 SGB IX). Die Unterstützung der Bildung behinderter Menschen ist daher nicht einheitlich einer Leistungsgruppe oder einem Leistungsträger zugeteilt, sondern verteilt sich. Das Gesetz zur Stärkung der Teilhabe und Selbstbestimmung von Menschen mit Behinderungen (Bundesteilhabegesetz) sieht eine neue Leistungsgruppe „Leistungen zur Teilhabe an Bildung" (§ 5 Nr. 4 SGB IX ab 1.1.2018) vor. Auch in Zukunft wird es aber Abgrenzungen innerhalb des Sozialleistungssystems geben müssen, auch wenn es um den Schulbesuch geht.

Für bestimmte notwendige Bildungsvoraussetzungen sind die Träger der medizinischen Rehabilitation verantwortlich, insbesondere bis zum Ende der Schulpflicht. Für die betrieblichen Leistungen unter Einschluss des Berufsschulbesuchs sind die Träger der Leistungen zur Teilhabe am Arbeitsleben zuständig. Für die behinderungsspezifischen Leistungen zur Unterstützung der Bildung sind in Schulen und Hochschulen ganz überwiegend die Träger der Leistungen zur Teilhabe am Leben in der Gemeinschaft zuständig, die insoweit zukünftig Leistungen zur Teilhabe an Bildung heißen werden.

Diese Aufteilung ist nicht nur für die Zuweisung von Finanzierungslasten relevant, da die Träger unterschiedlichen Logiken und Leistungsvoraussetzungen folgen. Insbesondere ist zu beachten, dass notwendige Leistungen zur Unterstützung des Schulbesuchs im gegenwärtigen System dem nachrangigen Träger Sozialhilfe (ab 1.1.2020 Eingliederungshilfe) zugewiesen sind, dessen Leistungen dem Grunde nach einkommens- und vermögensabhängig sind.[19] Daran wird sich auch mit dem Bundesteilha-

18 Zu den Beratungen des BTHG vgl. Nachtschatt, E./ Ramm, D., Die Leistungen zur Teilhabe an Bildung im Bundesteilhabegesetz: Stellungnahme des Bundesrates und Gegenäußerung der Bundesregierung, www.reha-recht.de, Beitrag D52-2016; Nachtschatt, E./ Ramm, D., Die Leistungen zur Teilhabe an Bildung im BTHG: Anhörung, Ausschussberatungen, Ergebnisse der abschließenden zweiten und dritten Lesung im Deutschen Bundestag, Beitrag D61-2016.

19 Vgl. §§ 53, 54 Abs. 1 S. 1. Nr. 1 SGB XII i.V.m. § 12 EinglVO i.V.m. § 2 SGB XII.

begesetz nichts Grundsätzliches ändern, wenn auch die Heranziehung von Einkommen und Vermögen eingeschränkt wird.

2.1.2. Unfallversicherung, Versorgungsamt

Die Träger der Unfallversicherung (Berufsgenossenschaften, Unfallkassen) nach dem SGB VII und die Träger der sozialen Entschädigung (Versorgungsamt) nach dem BVG sind bei Vorliegen einer bestimmten Ursache der Behinderung vorrangig für alle Leistungsgruppen der Rehabilitation und Teilhabe sowie für Krankenbehandlung und Pflege zuständig. Der Leistungsanspruch ist nur vom Bedarf, nicht jedoch von der finanziellen Bedürftigkeit abhängig. Damit sind Kinder und Jugendliche, deren Behinderung etwa Folge eines gesetzlich versicherten Schul-, Schulweg- oder Kindergartenunfalls (§ 2 Abs. 1 Nr. 8 SGB VII) oder eine Impfschadens ist, gegenüber solchen deutlich privilegiert, die eine vergleichbare Schädigung aus anderen Gründen erlitten haben.

2.1.3. Krankenkassen und medizinische Rehabilitation

Für die medizinische Rehabilitation zuständig sind die gesetzlichen Krankenkassen, soweit Kinder, Jugendliche und junge Erwachsene – insbesondere durch die Familienversicherung – bei ihnen versichert sind. Zur medizinischen Rehabilitation gehören hier auch Leistungen der Früherkennung und Frühförderung (§ 30 SGB IX; ab 1.1.2018 § 46 SGB IX) und Hilfsmittel zum Behinderungsausgleich (§ 31 SGB IX; ab 1.1.2018 § 47 SGB IX; § 33 SGB V).

Der Behinderungsausgleich wird dabei von der Rechtsprechung – insbesondere beim sogenannten mittelbaren Behinderungsausgleich, der nicht unmittelbar an einer Körperfunktion ansetzt – auf Grundbedürfnisse beschränkt.[20] Zu diesen zählt die Rechtsprechung des Bundessozialgerichts

---

20 BSG, Urt. v. 25.02.2015, Az. B 3 KR 13/13 R, SGb 2015, 205; BSG, Urt. v. 02.02.2012, Az. B 8 SO 9/10 R, SGb 2012, 152; BSG, Urt. v. 07.10.2010, Az. B 3 KR 13/09 R, BSGE 107, 44; BSG, Urt. v. 21.08.2008, Az. B 13 R 33/07 R, BSGE 101, 207; BSG, Urt. v. 23.07.2002, Az. B 3 KR 3/02 R, SozR 3-2500 § 33 Nr. 46; BSG, Urt. v. 08.06.1994, Az. 3/1 RK 13/93, SozR 3-2500 § 33 Nr. 7; LSG Hessen, Urt. v. 28.06.2012, Az. L 1 KR 100/10, RdLH 2012, 175.

den Schulbesuch nur bis zum Ende der Schulpflicht[21], so dass etwa ein Lesegerät für blinde Schülerinnen in der Sekundarstufe II zur Angelegenheit der Sozialhilfe wird.

2.1.4. Leistungen zur Teilhabe am Leben in der Gemeinschaft, insbesondere Sozialhilfe (Eingliederungshilfe), Kinder- und Jugendhilfe

Für die Teilhabe am Leben in der Gemeinschaft – und zukünftig die Leistungen zur Teilhabe an Bildung – sind von den vorrangigen Trägern nur die Unfallversicherung und das Versorgungsamt zuständig. Ansonsten können diese Leistungen nur von den Trägern der Sozialhilfe (ab 1.1.2020 Träger der Eingliederungshilfe) und der Kinder- und Jugendhilfe beansprucht werden. Künftig wird der Träger der Sozialhilfe als Träger der Eingliederungshilfe gesondert im neuen Teil 2 des SGB IX geregelt werden, bleibt aber – nach Maßgabe des Landesrechts – voraussichtlich der gleiche Träger. Nur für seelisch behinderte Kinder und Jugendliche ist für diese Leistungen das Jugendamt nach dem SGB VIII zuständig.

Die Zuständigkeit der Kinder- und Jugendhilfe für seelisch behinderte Kinder und Jugendliche (§ 35a SGB VIII) ist vorrangig vor derjenigen der Sozialhilfe (§ 10 Abs. 4 SGB VIII), so dass die Sozialhilfe im Wesentlichen für körperlich und geistig behinderte Kinder und Jugendliche zuständig ist. Die Abgrenzung zwischen körperlich und geistig behindert einerseits, seelisch behindert andererseits, ist oft schwierig.[22]

In diesem Kontext werden große Hoffnungen in eine sogenannte „große Lösung“ oder gar „inklusive Lösung“ gesetzt, bei der die Leistungen zur Teilhabe für behinderte Kinder und Jugendliche bei den Jugendämtern

---

21 BSG, Urt. v. 22.7.2004, Az. B 3 KR 13/03 R, SozR 4-2500 § 33 Nr. 6; dazu Reimann, J., Kein Anspruch auf die Versorgung mit Hilfsmitteln zum Schulbesuch gegen die gesetzliche Krankenversicherung bei bereits erfüllter Vollzeitschulpflicht, Diskussionsforum Rehabilitations- und Teilhaberecht, Forum A Nr. 1/2005, www.reha-recht.de, 2005; BSG, Urt. v. 3.11.2011, B 3 KR 3/11 R; dazu Waßer, U., Zur doppelten Ausstattung (Zweitversorgung) mit einem Hilfsmittel zur Sicherstellung der Schulfähigkeit, Diskussionsforum Rehabilitations- und Teilhaberecht, Forum A-10/2012, www.reha-recht.de, 2012.

22 Schumacher, N., Soziale Leistungen für Kinder mit Behinderung im Fadenkreuz zwischen Jugend- und Sozialhilfe, Diskussionsforum Rehabilitations- und Teilhaberecht, Forum A Nr. 25/2013, www.reha-recht.de, 2013.

konzentriert werden sollen.[23] Übersehen wird dabei allerdings, dass die Schnittstellenprobleme zwischen medizinischer Rehabilitation der vorrangigen Krankenkasse und des nachrangigen Fürsorgeträgers, die Schnittstelle zwischen Schule und Sozialleistungen und die professionellen Abgrenzungen zwischen Pädagogik, Psychologie und Medizin auch bei veränderter Zuständigkeit nicht ohne weiteres überwunden werden.

Notwendig ist so oder so eine trägerübergreifende und interdisziplinäre Bedarfsfeststellung und Leistungserbringung, wie sie das SGB IX schon heute verlangt.[24] Käme dann noch das gebotene Maß an Verwaltungszusammenarbeit der Sozialleistungsträger untereinander und mit den Schulbehörden zustande, könnte man wirklich von einer großen Lösung mit inklusiven Folgen sprechen.

Im Sozialhilferecht, auch im künftigen Eingliederungshilferecht, sind Einkommen und Vermögen der Leistungsberechtigten und ihrer Unterhaltspflichtigen vorrangig einzusetzen (§§ 2, 82 ff. SGB XII; ab 1.1.2020 §§ 135-142 SGB IX). Die heilpädagogischen Maßnahmen, die Hilfen zur angemessenen Schulbildung und zur schulischen Ausbildung sowie die Leistungen zur Teilhabe am Arbeitsleben sind allerdings insoweit privilegiert, als die unterhaltspflichtigen Personen nicht heranzuziehen sind (§ 92 Abs. 2 Satz 1 Nr. 1, 2, 4 und 6 SGB XII); gleichwohl bleibt das Verhältnis zu familiären Beistands- und Unterhaltspflichten strittig.[25]

Dies gilt nicht für die Hilfen zur Hochschulbildung, so dass behinderte Studierende ihr Einkommen und Vermögen einsetzen müssen.[26] Damit sind sie benachteiligt gegenüber denjenigen, die eine betriebliche Ausbildung absolvieren und vorrangige Leistungen bekommen können. Im Recht

---

23 Greß, S./ Rixen, S./ Wasem, J., Eingliederungshilfe für seelisch behinderte Kinder und Jugendliche – Abgrenzungsprobleme und Reformszenarien, VSSR 2009, S. 43-60; Kunkel, P.-C., Jugend- und Sozialhilfe für junge Menschen mit Behinderungen, ZFSH/SGB 2012, S. 648-652; bereits diskutiert im Rahmen des Gesetzesentwurfs des Kinder- und Jugendhilfegesetzes 1989: BT-Drucks. 11/5948, S. 53; vgl. auch 14. Kinder- und Jugendbericht, BT-Drucks. 17/12200, S. 377; BMAS, 1. Staatenbericht der Bundesrepublik Deutschland, S. 18,19.

24 Vgl. Dillmann, F., Kein Kinderspiel – die Neuordnung der Leistungen für Kinder und Jugendliche mit Behinderungen, ArchSozArb 3/2014, S. 30-40.

25 Dazu Nebe, K., Unterhaltsverbände im Familien und Sozialrecht, SDSRV 62 (2012), 29-58.

26 vgl. SG München, Urt. v. 12.3.2013, S 48 SO 155/10; dazu Hlava, D./ Giese, M, Verfassungsrechtliche Fragen der Kostenübernahme einer Hochschulassistenz, Diskussionsforum Rehabilitations- und Teilhaberecht, Forum A Nr. 13/2014, www.reha-recht.de, 2014.

der Kinder- und Jugendhilfe sind Kostenbeiträge für ambulante Eingliederungshilfe generell nicht vorgesehen.[27]

2.2 Begrifflichkeiten und Verfahren

Schulrecht und Sozialrecht operieren mit unterschiedlichen Begriffen. So ist in den Schulgesetzen oft von sonderpädagogischem Förderbedarf die Rede. Dieser wird nicht mit Behinderung synonym gesetzt, da Behinderung eine längerfristige Prognose beinhaltet und zum Teil im schulischen Bereich auch als stigmatisierender Begriff angesehen wird. Andererseits gibt es eine erhebliche Überschneidung zwischen schulischem Förderbedarf und sozialrechtlich definierter Behinderung, die besonders deutlich wird, wenn für Schülerinnen und Schüler eine Behinderung geltend gemacht wird, um Sozialleistungen zur Unterstützung des Schulbesuchs zu bekommen.[28] Durchaus problematisch ist aber, dass das, was in der Schule dem Grunde nach als Behinderung angesehen wird – aber nicht immer ausgeglichen wird – für Rehabilitationsträger keineswegs immer eine leistungsauslösende Behinderung ist. Das gilt insbesondere im Fall von Legasthenie und Dyskalkulie.[29]

Zwischen den Sozialleistungsträgern besteht die Pflicht, Leistungen aufeinander abzustimmen. Die Bedarfsfeststellung hat mit Blick auf die Leistungen aller Träger zu erfolgen und ist in einer Teilhabeplanung fortzusetzen (§ 10 Abs. 1 SGB IX; ab 1.1.2018 §§ 19-21 SGB IX)[30]. Dies ist in der gemeinsamen Empfehlung Reha-Prozess der Rehabilitationsträger vom 1. August 2014 konkretisiert worden (unter www.bar-frankfurt.de),

---

27 Wiesner, R., Kinder- und Jugendhilfe, Kommentar, 5. Aufl. 2015, § 35a, Rn. 131.

28 *Welti, F.*, Verantwortlichkeit für angemessene Vorkehrungen und Barrierefreiheit in der Bildung, RdJB 1/2015, 34 (41); ders., Behinderung und Rehabilitation im sozialen Rechtsstaat, S. 48f.; *Rux, J./ Niehues, N.*, Schulrecht, 5. Aufl. 2013, Rn. 815.

29 Vgl. dazu *Marwege, G.*, Legasthenie und Dyskalkulie in der Schule, Göttingen, 2013, S. 45 ff., 90 ff.; *Cremer, W./ Kolok, K.*, Verfassungsrechtliche Anforderungen an den Umgang mit Legasthenie und Dyskalkulie in der Schule, DVBl. 6/2014, S. 333-341.

30 *Seger, W.*, Die prozessualen und strukturellen Schritte zur erfolgreichen trägerübergreifenden gemeinsamen Teilhabeplanung, Sozialer Fortschritt 2012, S. 127-132; *Luik, S.*, Rechtliche Grundlagen und Bedeutung der Teilhabeplanung, Diskussionsforum Rehabilitations- und Teilhaberecht, Forum D-21/2014, www.reha-recht.de, 2014.

die aber von den Trägern der Sozialhilfe und der Jugendhilfe nicht unterzeichnet worden ist.

Aus Kompetenzgründen sind diese Träger im Rechtsraum der Länder nur verpflichtet, sich an den Empfehlungen zu „orientieren", was sie oft schon mangels Kenntnis und mangels Folgen von Nichtbeachtung nicht tun. Die gemeinsamen Empfehlungen könnten auf regionaler Ebene durch gesetzlich vorgesehene Arbeitsgemeinschaften der Rehabilitationsträger konkretisiert werden, § 13 Abs. 9 SGB IX (ab 1.1.2018: § 26 Abs. 9 SGB IX). Dabei könnte auch die jeweilige Situation des Schulwesens berücksichtigt werden. Allerdings sind diese Arbeitsgemeinschaften bislang nicht gebildet worden. Auch insoweit haben sich die Länder und Kommunen nicht initiativ gezeigt.

Für die Träger der Sozialhilfe besteht die Pflicht zur Abstimmung mit anderen am Einzelfall Beteiligten und von verschiedenen Leistungen im Rahmen eines Gesamtplans (§ 58 SGB XII; ab 1.1.2020 §§ 117-122 SGB IX), für die Jugendämter in einem Hilfeplan.[31] Bei jedem dieser Planungsprozesse kann es sinnvoll sein, die Schulen zu beteiligen, was aber in den gesetzlichen Grundlagen nicht explizit gefordert wird.

Die Länder könnten und sollten die Zusammenarbeit zwischen den Trägern der Sozialhilfe und Jugendhilfe sowie den Schulen näher regeln. Dies geschieht aber außerhalb der Stadtstaaten oft nur ansatzweise, unter anderem aus Furcht vor Folgen in den Finanzbeziehungen zwischen Ländern und Kommunen.

Wird ein Antrag auf Leistungen zur Teilhabe bei einem Träger gestellt, der sich für unzuständig hält, aber einen anderen Rehabilitationsträger für zuständig hält, ist er verpflichtet, den Antrag innerhalb von zwei Wochen an diesen Träger weiterzuleiten (§ 14 Abs. 1 SGB IX). Die Bedarfsfeststellung hat, wenn kein Gutachten erforderlich ist, innerhalb von drei Wochen zu erfolgen, ansonsten innerhalb von sieben Wochen, sie soll den Bedarf

31 § 36 SGB VIII; vgl. BVerwG, Urt. v. 18.10.2012, 5 C 21/11; *Störmer, R.*, Voraussetzungen des Aufwendungsersatzanspruchs für selbstbeschaffte Hilfemaßnahmen, Diskussionsforum Rehabilitations- und Teilhaberecht, Forum A-7/2013, www.reha-recht.de, 2013.

trägerübergreifend erfassen.[32] Diese Regelungen gelten aber nicht im Verhältnis von Sozialleistungsträgern und Schulen.

Die Leistungen der Rehabilitationsträger können auch in einem Persönlichen Budget (§ 17 Abs. 2 SGB IX; ab 1.1.2018: § 29 SGB IX) zusammengefasst werden, das von den Leistungsberechtigten – bzw. hier den Eltern – nach Maßgabe einer Zielvereinbarung selbst verwaltet werden kann.[33] Hier hat es insbesondere bei den Jugendämtern eine Diskussion gegeben, diese Regelung nicht anzuwenden.[34] Die Rechtsprechung ist dem zumindest punktuell entgegengetreten.[35]

2.3 Sozialrecht und Schulrecht - Der pädagogische Kernbereich

Insbesondere für die Leistungen der Sozialhilfe und der Jugendhilfe ist umstritten, in welchem Verhältnis sie zu den Leistungen der Schule stehen. Das Recht der Sozialhilfe (Eingliederungshilfe) weist die Leistungen als „Hilfen zu" aus und schreibt zugleich fest, dass die Bestimmungen über die Ermöglichung der Schulbildung im Rahmen der allgemeinen Schulpflicht unberührt bleiben, § 54 Abs. 1 S. 1 Nr. 1 SGB XII (ab 1.1.2020 § 112 Abs. 1 Nr. 1 SGB XII). Leistungen der Eingliederungshilfe erhält nicht, wer die erforderliche Leistung von anderen erhält (Nachrang, § 2 SGB XII; ab 1.1.2020 § 91 SGB IX).

Die Rechtsprechung des Bundessozialgerichts und der meisten Landessozialgerichte hat bei der Bestimmung des Anspruchs danach differenziert, ob Leistungen zum Kernbereich der Schule gehören.[36] In diesem

---

32 §§ 14, 10 SGB IX; *Welti, F.*, Rechtsfragen der Bedarfsfeststellung für Leistungen zur Teilhabe, Die Rehabilitation, 2011, S. 7-10; *Welti, F.*, § 14 SGB IX – Fluch oder Segen für die Rehabilitation behinderter Menschen?, Schleswig-Holsteinische Anzeigen und Nachrichten, 2012, S. 442-450.

33 VG Frankfurt (Oder), Urt. v. 7.12.2011, Urt. v. 7.12.2011, 6 K 1432/08 SG; dazu *Haack, K.*, Schulbegleitung und Schulbeförderung als Teil eines Persönlichen Budgets, Diskussionsforum Rehabilitations- und Teilhaberecht, Forum A Nr. 6/2012, www.reha-recht.de, 2012.

34 *Wiesner, R.*, Kinder- und Jugendhilfe, Kommentar, 5. Aufl. 2015, Vor § 35a, Rn. 27; *Bieritz-Harder, R./ Conradis, W./ Thie, S.*, LPK-SGB XII, 10. Aufl., 2015, § 57, Rn. 8.

35 BSG, Urt. v. 11.05.2011, Az. B 5 R 54/10 R, BSGE 108, 158; VG Schleswig, Urt. v. 05.11.2009, Az. 15 B 53/09, n.v.

36 BSG, Urt. v. 22.03.2012, Az. B 8 SO 30/10 R, BSGE 110, 301; dazu Luthe, E.-W., „Montessori-Therapie" als Eingliederungshilfe nach SGB XII, Juris-Praxisreport

Fall seien sie grundsätzlich von der Schule und nicht von einem Sozialleistungsträger zu erbringen. Dabei wurden Helferinnen und Helfer (Schulhelfer, Integrationshelfer, Inklusionshelfer), die behinderungsbedingt Hilfen rund um den Unterricht erbringen, aber auch beim Unterricht anwesend sind und z.B. Konzentrationsschwächen oder Aggressionen ausgleichen oder überbrücken sollen, bislang meist nicht diesem Kernbereich zugeordnet.[37] Zusätzliche Lehrkräfte, die für einen inklusiven Unterricht erforderlich sind, wären dagegen Teil des Kernbereichs. Ebenso können danach die Kosten der Schule im Ganzen – etwa einer privaten Ersatzschule – regelmäßig nicht als Leistung zur Teilhabe beansprucht werden[38], es sei denn ein adäquates öffentliches Angebot fehlt[39].

Einen anderen Akzent hatten zuletzt Entscheidungen des Landessozialgerichts Schleswig-Holstein gesetzt.[40] Unter Hinweis auf das im Sinne der Inklusion reformierte Schulgesetz des Landes (§ 4 Abs. 13 SchulGSH) wurden Ansprüche behinderter Schülerinnen und Schüler gegen die Träger der Eingliederungshilfe abgelehnt. Sozialhilfeträger und Gericht argumen-

---

Sozialrecht Nr. 24/2012, Anm. 2, 2012; *Giese, M.*, Montessori-Therapie als Eingliederungshilfe, Anmerkung zu BSG 22.03.2012, B 8 SO 30/10 R, Diskussionsforum Rehabilitations- und Teilhaberecht, Forum A Nr. 22/2014, www.reha-recht.de, 2014; LSG BaWü, Urt. V. 18.02.2015, Az. L 2 SO 3641/13, n.v.

37 LSG Hessen, Urt. V. 14.05.2014, Az. L 4 SO 303/11, n.v.; LSG Mecklenburg-Vorpommern, B. v. 27.02.2014, Az. L 9 SO 51/13 ER; LSG Nordrhein-Westfalen, B. v. 05.02.2014, Az. L 9 SO 413/13 B ER und B. v. 15.01.2014, Az. L 20 SO 477/13 B ER; *Banafsche, M.*, Schulbegleitung in Bayern zwischen Schul- und Sozialrecht, Bayerisches Verwaltungsblatt, 2014, S. 42-46; *Riehle, E.*, Kernbereich der pädagogischen Arbeit und Schulbegleitung, Zeitschrift für Sozialhilfe und Sozialgesetzbuch, 2014, S. 78-81; *Ziegenhain, U./ Maysen, T./ Fegert, J.*, Schulbegleitung: Eine Leistung zwischen Integration, Sonderstatus und Ausfallbürgschaft, JAmt 2012, S. 500-504; *Dillmann, F./ Wildanger, B.*, Halbjahreszeugnis: Nicht ausreichend gelöste Rechtsprobleme individueller schulischer Assistenz für Schülerinnen und Schüler mit Behinderungen – Teil III, Behindertenrecht 6/2014, S. 153-159.

38 BSG, Urt. v. 15.11.2012, Az. B 8 SO 10/11 R, BSGE 112, 196-201; dazu *Welti, F.*, Schulgeld regelmäßig keine Leistung zur Teilhabe, Juris-Praxisreport Sozialrecht 24/2013, Anm. 4, 2013.

39 OVG Nordrhein-Westfalen, B. v. 18.12.2013, Az. 12 B 1190/13.

40 LSG Schleswig-Holstein, B. v. 17.02.2014, Az. L 9 SO 222/13 B ER; SchlHA 2014, 112; B. v. 15.4.2014, Az. L 9 SO 36/14 B ER, SchlHA 2014, 501; *Hechler, P./ Plischke, J.*, Keine Eingliederungshilfe für schulische Maßnahmen der Inklusion, die den Kernbereich der pädagogischen Arbeit der Schule berühren, Diskussionsforum Rehabilitations- und Teilhaberecht, Forum A Nr. 15/2014, www.reha-recht.de, 2014.

tierten damit, dass in einer inklusiven Schule der Kernbereich ihrer Verantwortung weiter definiert werden müsse als bisher und auch ausgleichende und einbeziehende Leistungen auf Grund von Behinderung umfassen müsse. Damit ist eine in Literatur und Rechtsprechung erhebliche Kontroverse eröffnet worden.[41]

Es wird dabei zu Recht darauf hingewiesen, dass der zumeist verwendete Begriff des „pädagogischen Kernbereichs" unglücklich gewählt ist: Eine Leistung wird nicht dadurch unpädagogisch, dass sie in der Verantwortung von Sozialamt oder Jugendamt stattfindet. Pädagogik ist eine der wesentlichen für Rehabilitation mitverantwortlichen Disziplinen. Auch Schulhelfer können oder müssen pädagogisch handeln, sie stammen nicht selten aus der Sozialpädagogik oder sozialpädagogisch geleiteten Diensten und Einrichtungen. In der letzten das Thema behandelnden großen Entscheidung des BSG ging es um eine den Schulbesuch unterstützende „Montessori-Therapie".[42]

Andererseits ist die Schule für mehr verantwortlich als für das Pädagogische. Sie stellt auch nichtpädagogisches Personal, Verwaltung, Bauten und Lehrmittel. Auch das gehört zu ihrem Kernbereich.

Das Problem wird also besser beschrieben – wenn auch keineswegs gelöst – indem von einem schulischen Kernbereich gesprochen wird, den die Sozialleistungsträger unterstützen, aber nicht ersetzen sollen.

---

41 LSG SH, B. v. 15.04.2014, Az. L 9 SO 36/14 B ER, SchlHA 2014, 501; *Kingreen, T.,* Finanzierungsverantwortung für die Schulbegleitung an öffentlichen Regelschulen in Schleswig-Holstein, 2014, S. 6ff.; *Albrecht, P.,* Vorrangige Zuständigkeit des Schulträgers für Leistungen, die für die inklusive Beschulung eines Schülers mit Behinderung erforderlich sind, Sozialrecht aktuell 2014, 124f.; *Axmann, J.,* Welchen Einfluss haben die Schulgesetze auf den Kernbereich der pädagogischen Arbeit?, RdLH 2014, 77f.; *Hase, U.,* Statement aus Sicht der leistungsberechtigten Menschen mit Behinderung zur Eingliederungshilfe, SchlHA 2014, 469-471; *Dannat, K.-E./ Dillmann, F.,* Wanderungen zwischen Norm und Prinzip: Die Rechtsprechung zur Eingliederungshilfe für Menschen mit Behinderungen, SGb 4/2015, S. 193 (197); *Hechler, P./ Plischke, J.,* Keine Eingliederungshilfe für schulische Maßnahmen der Inklusion, die den Kernbereich der pädagogischen Arbeit der Schule berühren, Diskussionsforum Rehabilitations- und Teilhaberecht, Forum A Nr. 15/2014, www.reha-recht.de, 2014; *Riehle, E.,* Kernbereich der pädagogischen Arbeit und Schulbegleitung, Zeitschrift für Sozialhilfe und Sozialgesetzbuch, 2014, S. 78-81; *Kepert, J.,* Die Bestimmung des Kernbereichs pädagogischer Arbeit der Schule, ZfF 2014, 202-204;.

42 BSG, Urt. v. 22.03.2012, Az. B 8 SO 30/10 R, BSGE 110, 301.

Die Argumentation, dass der Kernbereich einer durch den Gesetzgeber als inklusiv definierten Schule weiter gehen müsste als bisher, ist politisch zunächst gut nachvollziehbar. Sie wird auch mit politischem Nachdruck vorgetragen. Zu Recht wird aber darauf hingewiesen, dass mit der Definition eines schulischen Kernbereichs noch nicht belegt ist, dass dieser nicht zugleich zum Bereich der vom Sozialamt oder Jugendamt gebotenen Leistungen zur Teilhabe gehört.

Quer dazu steht die Frage der Kompetenz. Das Bundessozialgericht betont, dass der bundesrechtliche Sozialleistungsanspruch auch bundeseinheitlich auszulegen ist.[43] Dagegen steht der Ansatz, dass der schulische Kernbereich nur landesrechtlich in den Schulgesetzen geregelt werden kann.[44] Beides trifft zu.

Auf der individuellen Ebene stellt sich das Problem, dass die Sozialgerichte zwar über Ansprüche gegen die Sozialleistungsträger entscheiden, nicht aber über diejenigen gegen die Schule. Die Sozialgerichte müssen zwar innerhalb ihres Zuständigkeitsbereichs bei einem Streit um die Zuständigkeit für eine Sozialleistung einen anderen Träger beiladen und dann z.B. wahlweise Sozialhilfe oder Krankenkasse verurteilen (§ 75 Abs. 5 SGG).

Diese Möglichkeit, einen Streit um die Zuständigkeit einheitlich zu entscheiden, besteht nicht im Verhältnis der Sozialämter zu den Jugendämtern und Schulen und generell nicht bei den für diese zuständigen Verwaltungsgerichten. Meint also ein Sozialgericht in einer Sozialhilfesache oder ein Verwaltungsgericht in einer Jugendhilfesache, dass die Schule eine bestimmte Leistung erbringen müsste, haben die Schülerinnen und Schüler und ihre Eltern damit noch keine Leistungspflicht der Schule erreicht. Diese muss auf dem Verwaltungsrechtsweg gegen die Schule verfolgt werden. Die Verwaltungsgerichte meinen jedoch fast immer, dass die in den Schulgesetzen vorgesehenen Inklusionsziele keine subjektiven Ansprüche auf bestimmte angemessene Vorkehrungen im Einzelfall vermitteln.[45]

---

43 BSG, Urt. v. 22.03.2012, Az. B 8 SO 30/10 R, BSGE 110, 3013, Rn. 21; BSG, Urt. v. 15.11.2012, Az. B 8 SO 10/11 R, BSGE 112, 196, Rn. 15; SG Leipzig, B. v. 16.11.2015 , Az. S 5 SO 66/15 ER, juris Rn. 32f.

44 LSG Schleswig-Holstein, B. v. 15.04.2014, Az. L 9 SO 36/14 B ER, SchlHA 2014, 50; LSG Schleswig-Holstein, B. v. 17.02.2014, Az. L 9 SO 222/13 B ER, SchlHA 2014, 112; SG Rostock, B. v. 28.10.2013, Az. S 8 SO 80/13 ER, RdLH 2014, 30.

45 VGH Bayern, B. v. 04.09.2015, Az. 7 CE 15.1791, BayVBl 2016, 129; OVG Rheinland-Pfalz, Urt. v. 27.10.2011, Az. 7 A 10405/11, ZFSH/SGB 2012, 284;

Sozialgerichte, die einen Anspruch unter Hinweis auf ein inklusionsfreundliches Schulrecht verneinen, können also Eltern und Schüler ins Nichts verweisen. Die inklusionsfreundlich erscheinenden Entscheidungen des LSG Schleswig-Holstein konnten den Klägern keinen Anspruch gegen die Schule auf irgendetwas vermitteln.

Schon daher spricht vieles dafür, an der überwiegenden Linie der Rechtsprechung festzuhalten, dass es für den Anspruch auf Hilfen zum Schulbesuch nur darauf ankommt, welche Hilfen von der Schule faktisch erbracht werden. [46] Dies hat das BSG zuletzt bestätigt; das LSG Schleswig-Holstein ist ihm gefolgt[47].

Hält der Träger der Sozialhilfe oder der Kinder- und Jugendhilfe einen Anspruch des Kindes gegen den Schulträger für gegeben, kann er diesen Anspruch auf sich übergehen lassen (§ 93 Abs. 1 Satz 1 SGB XII; ab 1.1.2020: § 141 SGB IX; § 95 Abs. 1 SGB VIII) und muss ihn dann gegen den Schulträger selbst geltend machen.[48] Hierauf hat das Bundessozialgericht hingewiesen, ohne aber auf das Problem einzugehen, dass der Anspruchscharakter der schulrechtlichen Inklusionsnormen zumindest strittig ist. Den Streit darüber müssten die Träger der Eingliederungshilfe dann bei den Verwaltungsgerichten führen. Dies hätte immerhin zur Folge, dass größere Klarheit über das Bestehen individueller Ansprüche auf angemessene Vorkehrungen im Schulverhältnis geschaffen werden könnte, die im Lichte von Art. 24 UN-BRK häufiger als bisher angenommen werden sollten. Denn erst der einklagbare Anspruch auf angemessene Vorkehrungen macht aus einem formalen einen materiellen Anspruch auf Gleichstellung.

Zum Problem des individuellen Rechtsschutzes kommt, dass ein Rückzug der Sozialleistungsträger aus der Schaffung von Voraussetzungen für inklusiven Schulbesuch für den Landesgesetzgeber im Regelfall nicht vor-

---

VGH Hessen, B. v. 10.11.2004, Az. 7 TG 1413/04, NVwZ-RR 2005, 189; OVG Berlin, B. v. 22.02.2002, Az. 8 SN 164.01, NVwZ-RR 2002, 577; OVG NRW, Urt. v. 15.06.2000, Az. 16 A 3108/99, Behindertenrecht 2000, 239; VG Frankfurt, B. v. 15.11.1995, Az. 7 G 2569/95 (2), RdLH 1996, 30.

46 So auch Hechler, P./ Plischke, J., Keine Eingliederungshilfe für schulische Maßnahmen der Inklusion, die den Kernbereich der pädagogischen Arbeit der Schule berühren, Diskussionsforum Rehabilitations- und Teilhaberecht, Forum A Nr. 15/2014, www.reha-recht.de, 2014.

47 BSG, Urt. v. 9.12.2016, B 8 SO 8/15 R; LSG Schleswig-Holstein, B. v. 13.1.2017, L 9 SO 185/16 B ER.

48 BSG, Urt. v. 22.3.2012, B 8 SO 30/10 R, BSGE 110, 301-310.

hersehbar und steuerbar ist. Anders ist dies nur dort, wo Schulträger und Sozialleistungsträger in eines fallen, wie in den Stadtstaaten.

Von der Rücknahme sozialrechtlicher Unterstützung in einem ungesteuerten Prozess könnten zudem negative Anreize ausgehen: Gesetzgeber in den Ländern könnten versucht sein, die schulische Inklusionsaufgabe zurückhaltender zu formulieren, um eine nicht gewollte Verlagerung von kommunalen Haushalten in den Landeshaushalt einzudämmen. Einzelne Schulen könnten ihre Spielräume bei der Aufnahme von Schülerinnen und Schülern noch stärker zu Lasten derjenigen ausüben, die Unterstützungsbedarf haben. Ein Verzicht auf die gesetzlich festgeschriebene Unterstützungszuständigkeit der Rehabilitationsträger, zwischenzeitlich in der Diskussion des Bundesteilhabegesetzes erwogen, würde die Gefahr beinhalten, dass Kinder am Ende ohne Unterstützung dastehen. Einer muss der „Ausfallbürge" sein, auch wenn die Träger der Eingliederungshilfe nicht gern so bezeichnet werden.[49]

Neben der Reichweite der Unterstützungsansprüche ist auch umstritten, ob und wieweit die Entscheidung der Schulbehörden über die konkrete Schule der Entscheidung der Sozialbehörden über Sozialleistungen vorgreift. So entschied das Bayerische Landessozialgericht, dass die Entscheidung für den Regelschulbesuch eines gehörlosen Kindes den Träger der Sozialhilfe nicht bindet, die Kosten der Gebärdensprachdolmetscher

---

49 BVerwG, Urt. v. 18.10.2012, Az. 5 C 21/11, NJW 2013, 1111; BSG, Urt. v. 22.03.2012, Az. B 8 SO 30/10 R, BSGE 110, 3013; BVerwG, Urt. v. 22.05.2008, Az. 5 B 203/07, JAmt 2008, 438; LSG BaWü, B. v. 07.11.2012, Az. L 7 SO 4186/12 ER-B, ZFSH/SGB 2013, 269; LSG Hessen, Beschl. v. 26.04.2012, Az. L 4 SO 297/11 B ER; OVG Niedersachsen, B. v. 06.11.1998, Az. 4 L 4221/98; VG Freiburg, Urt. v. 13.04.2016, Az. 4 K 2145/14; VG Trier, Urt. v. 20.05.2010, Az. 2 K 26/10.TR; VG Braunschweig, Urt. v. 19.03.2009, Az. 3 A 63/08; VG Aachen, B. v. 18.11.2004, Az. 2 L 577/04, ZfJ 2005, 328; VG Stuttgart, B. v. 16.02.2015, Az. 7 K 5740/14, ZKJ 2015, 206; *Kepert, J./ Vondung, U.*, LPK-SGB VIII, § 10, Rn. 35; Tolmein, Gleichbehandlung und die UN-Behindertenrechtskonvention in der sozialrechtlichen Praxis, S. 11; *Wiesner, R.*, SGB VIII, § 35a, Rn. 112; *Wehrhahn, L.* in: jurisPK – SGB XII, § 54, Rn. 54; *Kepert/Pattar*, Schulbegleiterinnen und Schulbegleiter an baden-württembergischen Schulen, Diskussionspapier Nr. 2014-03, Hochschule für öffentliche Verwaltung Kehl (Hrsg.), S. 18, 59; *Hechler/Plischke*, Keine Eingliederungshilfe für schulische Maßnahmen der Inklusion, die den Kernbereich der pädagogischen Arbeit der Schule berühren, Diskussionsforum Rehabilitations- und Teilhaberecht, Forum A Nr. 15/2014, www.reharecht.de, 2014.

zu übernehmen.[50] Das Hessische Landessozialgericht entschied in der gleichen Konstellation zu Gunsten einer Kostenübernahme.[51] Diese Entscheidung liegt deutlich näher an der bisherigen Linie des Bundessozialgerichts.[52] Sie erscheint auch zutreffend, da das Sozialrecht ausdrücklich die Regelungen über die Schulpflicht – und damit über den konkreten Ort ihrer Erfüllung – unberührt lässt. Der Entwurf des Bundesteilhabgesetzes hatte zunächst formuliert, dass die Ansprüche auf Leistungen zur Teilhabe an Bildung danach davon abhängen sollen, ob das Teilhabeziel der Gesamtplanung erreicht wird[53]. Das hätte so verstanden werden können, dass der Träger der Eingliederungshilfe das Bildungsziel definiert, auch wenn. nach der Begründung des Entwurfs der Empfehlung der bisher besuchten Schule „entscheidungserhebliche Bedeutung" zukommen sollte[54]. Auf erhebliche Kritik in den Ausschussberatungen hin wurde dieser Satz gestrichen und ist nicht Gesetz geworden. Auch Menschen mit Behinderungen sollen sich wie Menschen ohne Behinderungen für weiterführende schulische oder hochschulische Angebote entscheiden können, ohne zuvor einen (zusätzlichen) Leistungs- und Befähigungsnachweis erbringen zu müssen[55].

Ein weiteres Thema zeigt die unterschiedliche Logik, nach der Schulen und Sozialleistungsträger arbeiten und verfasst sind. In Bezug auf Lehrkräfte und anderes Schulpersonal besteht kein Auswahlrecht der Schülerinnen und Schüler. Die Schule organisiert ihr Personal und ordnet es zu. Schulassistenten und Schulhelfer dagegen werden von den Sozial- oder Jugendämtern finanziert und von den Schülerinnen und Schülern oder ihren Eltern zumindest nach Maßgabe des sozialrechtlichen Wunsch- und Wahlrechts mit ausgewählt.[56] Das hat auch zur Folge, dass sie – als Teil eines individuellen Anspruchs – meist nicht für mehrere Schülerinnen und Schüler tätig werden.

Zu den umstrittensten Regelungen im Entwurf des Bundesteilhabegesetzes gehörte daher die ausdrückliche Möglichkeit für die Träger der So-

50 Bayerisches LSG, B. v. 02.11.2011, Az. L 8 SO 165/11 B ER.

51 Hessisches LSG, B. v. 14.03.2011, Az. L 7 SO 209/10 B ER.

52 BSG, Urt. v. 23.08.2013, Az. B 8 SO 10/12 R.

53 § 112 Abs. 1 Satz 3 SGB IX in der Fassung des Regierungsentwurfs, BT-Drucks. 18/9522, S. 77.

54 BT-Drucks. 18/9522, S. 284.

55 BT-Drucks. 18/10523, S. 59.

56 *Frese, C. /Riehle, E.,* Inklusive Beschulung für Schülerinnen und Schüler mit Autismus – insbesondere das Recht auf Schulbegleitung (Teil 1), br 4/2015, 106-112.

zialhilfe, Leistungen zur Teilhabe an Bildung für mehrere Leistungsberechtigte gemeinsam zu erbringen, soweit dies zumutbar ist. Das somit auch gegen den Willen der Berechtigten durchsetzbare „Poolen" wurde von den Verbänden behinderter Menschen kritisiert. Bei einer Organisation der Begleitung von Schulunterricht durch die Schulen selbst dürfte es zum Alltag gehören. Entscheidend wird sein, welche Maßstäbe Praxis und Rechtsprechung hier für die Zumutbarkeit finden.

2.4 Barrierefreiheit der Schulen

In den Behindertengleichstellungsgesetzen von Bund und Ländern ist definiert: „Barrierefrei sind bauliche und sonstige Anlagen, Verkehrsmittel, technische Gebrauchsgegenstände, Systeme der Informationsverarbeitung, akustische und visuelle Informationsquellen und Kommunikationseinrichtungen sowie andere gestaltete Lebensbereiche, wenn sie für behinderte Menschen in der allgemein üblichen Weise, ohne besondere Erschwernis und grundsätzlich ohne fremde Hilfe auffindbar, zugänglich und nutzbar sind." (§ 3 BGG Bund)

Die gesetzliche Definition zeigt auf, dass Barrierefreiheit nicht nur bauliche Barrieren für mobilitätsbehinderte Personen betrifft[57], sondern eine Vielzahl weiterer Gestaltungselemente von Schulen betreffen kann. So können Gebäude, Lehr- und Lernmittel auch für sinnesbehinderte Kinder barrierefrei gestaltet werden, um ihnen eine möglichst gleichberechtigte Teilhabe an der Schule zu ermöglichen.

Die Behindertengleichstellungsgesetze von Bund und Ländern regeln, dass zivile Neubauten sowie Um- oder Erweiterungsbauten entsprechend den allgemein anerkannten Regeln der Technik barrierefrei gestaltet werden sollen. Die Pflichten für Neubauten ergeben sich auch aus den Bauordnungen der Länder. Die allgemein anerkannten Regeln der Technik für Bauten sind in DIN-Normen wie der DIN 18040 und 18041 festgelegt.

Im Bund wurde das BGG 2016 geändert und die bisherige Beschränkung in § 8 BGG auf „große" Um- und Erweiterungsbauten ist entfallen, während sie in den meisten Ländern noch vorhanden ist.[58] Als „große"

57 Vgl. Welti, F., Barrierefreiheit als Rechtsbegriff, Die Öffentliche Verwaltung, 2013, S. 795-801: Welti, F., Rechtliche Voraussetzungen von Barrierefreiheit in Deutschland, NVwZ 2012, S. 725-730.

58 Artikel 2 des Gesetzes vom 19. Juli 2016 (BGBl. I S. 1757).

Um- und Erweiterungsbauten gelten meist solche mit einem Volumen von mehr als einer Million Euro, auch wenn diese Auslegung nicht verbindlich ist.

Zudem wurden die Bundesbehörden verpflichtet, bis zum 30.06.2021 eine Bestandsaufnahme der Barrierefreiheit durchzuführen und Stufenpläne vorzulegen. Letztere sind allerdings gesetzlich nicht terminiert. Es ist zu erwarten, dass die Länder nun ihrerseits über die Weiterentwicklung ihrer BGG diskutieren und zum Teil ähnliche Weiterungen beschließen. In Bayern, Hessen und Sachsen sind bislang die Kommunen nur in sehr abgeschwächter Form an das jeweilige BGG gebunden.

Da Art. 9 UN-BRK auch die Feststellung und Beseitigung von Zugangshindernissen fordert und gleichberechtigte Teilhabe und Inklusion ohne Zugänglichkeit erschwert oder vereitelt wird, werden Stufenpläne zur Barrierefreiheit auch der bestehenden öffentlichen Einrichtungen, namentlich der Schulen, erforderlich sein.

Dazu kommt, dass die Schulen auch Arbeitsplatz für behinderte Menschen – Lehrkräfte oder Verwaltung – sein können. In diesem Fall fordert § 3a Arbeitsstättenverordnung die Barrierefreiheit. Regelungen zu Gunsten der die Schule nutzenden Schülerinnen und Schüler und zu Gunsten der Beschäftigten der Schule können sich also überschneiden und verstärken.

Verstärkte Anforderungen an die Barrierefreiheit bestehen nach § 17 Abs. 1 Nr. 4 SGB I für die Verwaltungs- und Dienstgebäude von Sozialleistungsträgern und für Räume, in denen Sozialleistungen ausgeführt werden. Hier sind die Sozialleistungsträger bereits heute umfassend verantwortlich, dass diese Räume barrierefrei sind. Räume, in denen Sozialleistungen ausgeführt werden, sind auch Kindertagesstätten sowie Räume für die Nachmittagsbetreuung von Schulkindern, soweit diese in Verantwortung des Jugendamts steht.

Besondere Regelungen in Verordnungen (BITV 2.0.) bestehen für öffentlich zugängliche Internet- und Intranet-Angebote sowie grafische Programmoberflächen von Bund und Ländern. Sie müssen barrierefrei sein, was insbesondere für sinnesbehinderte Nutzerinnen und Nutzer wichtig ist. Damit sind insbesondere die Internetangebote der Schulen und Schulämter angesprochen, die auch für behinderte Eltern und Schülerinnen und Schüler zugänglich sein müssen. Für die Schulverwaltung sind auch barrierefreie Dokumente gefordert; Bürgerinnen und Bürger haben im Kontakt mit der Schulverwaltung Anspruch auf Kommunikationshilfen wie Gebärdensprachdolmetscher. Eine Schule muss auch für behinderte Eltern inklusiv sein. Zum Verwaltungsverfahren sind dabei richtigerweise auch die gebotenen Kontakte zwischen Eltern und Lehrkräften bei Elternabenden oder Sprechtagen zu rechnen, was jedoch das Verwaltungsgericht Düsseldorf in der einzigen hierzu veröffentlichten Entscheidung verneint hat.[59]

Die Regelungen über die Barrierefreiheit nach den Behindertengleichstellungsgesetzen von Bund und Ländern sind vielfach noch nicht im erforderlichen Maße umgesetzt. Bei Verstößen haben die Verbände behinderter Menschen in allen Ländern – außer Thüringen – ein Verbandsklagerecht bei den Verwaltungsgerichten.[60] Soweit Barrierefreiheit arbeitsrechtlich geboten ist, haben auch die Schwerbehindertenvertretung und der Personalrat mit ihren Rechten innerhalb der Verwaltung auf die Umsetzung der gesetzlichen Vorschriften zu achten.

Aus der bislang nicht hinreichenden Umsetzung der Regelungen zur Barrierefreiheit kann aber nicht geschlossen werden, dass diese gar nicht bestanden haben. Mehrere Länder haben im Zuge der Novellierung ihrer Schulgesetze Regelungen zu barrierefreien Schulen dort aufgenommen, wodurch das Thema wohl oft zum ersten Mal ins Blickfeld der Schulverwaltung und der Schulträger gerückt ist.[61] In der Diskussion über die Anforderungen an Schulträger wird nun zum Teil vernachlässigt, dass die Pflichten nach den Behindertengleichstellungsgesetzen in fast allen Ländern bereits vor der UN-BRK und Neuregelungen der Schulgesetze bestanden haben.[62] Die BGG wurden zwischen 1999 und 2008 beschlossen. Insoweit haben die Konvention und ihre Umsetzung meist keine zusätzlichen Pflichten ausgelöst, sondern nur an bereits bestehende Pflichten erinnert[63].

Auch die Berufsgenossenschaften, Unfallkassen und Arbeitsschutzbehörden haben darauf zu achten, dass der Arbeitsschutz stets barrierefrei ausgeformt wird. Die Träger der Unfallversicherung können dies durch eine entsprechende Gestaltung der Unfallverhütungsvorschriften (§ 15 SGB VII) beeinflussen, die von den Vertretern der Versicherten und Unter-

---

59 VG Düsseldorf, Urt. v. 11.11.2011, Az. 18 K 3661/11.

60 § 15 BGG; außerdem z.B. § 12 L-BGG BaWü; § 17 HessBGG; § 19 BGG LSA.

61 Z.B. § 4 Abs. 1 S. 1 NSchG; § 3 Abs. 5 S. 1 SchulG Rheinland-Pfalz.

62 Vgl. *Höfling, W./ Engels, A.,* Schulische Inklusion und landesverfassungsrechtliche Konnexität, NWVBl 2014, S. 1-8.

63 So auch *Schwarz, K.-A.,* Inklusion als „neue“ Landesaufgabe?, NWVBl 2013, S. 81-91.

nehmen dort in Selbstverwaltung erlassen werden.[64] In Bezug auf die Schulen und Hochschulen sind hier die Unfallkassen der Länder die maßgeblichen Akteure, in deren Selbstverwaltung insbesondere die Vertreter der öffentlichen Arbeitgeberverbände und Gewerkschaften des öffentlichen Dienstes mitwirken.

3. Rechtspolitischer Ausblick

Im Rahmen der Bemühungen um ein inklusives Bildungswesen sind auch die Verantwortlichkeiten für angemessene Vorkehrungen zur Ermöglichung und Erleichterung des Schulbesuchs behinderter Kinder auf den Prüfstand zu stellen. Weder sollten die Kosten der inklusiven Schule hauptsächlich auf die Sozialleistungsträger verlagert werden noch sollten Eltern und Kinder durch Zuständigkeitsstreit zwischen Sozialleistungsträgern und Schulen beeinträchtigt werden.

Insoweit bedürfte es einer zwischen Bund und Ländern und zwischen Land und Kommunen politisch und rechtlich besser abgestimmten Arbeitsteilung.[65] Diese erfordert auch eine besser institutionalisierte Zusammenarbeit zwischen den Schulen und den Rehabilitationsträgern, auch im Hinblick auf den Übergang in die berufliche Ausbildung. Eine solche Zusammenarbeit müsste vor allem von den Ländern geregelt werden, sinnvollerweise im Zusammenhang mit den von ihnen noch ins Werk zu setzenden Arbeitsgemeinschaften der Rehabilitationsträger und einer örtlichen und regionalen Teilhabeplanung.[66] Das Bundesteilhabegesetz scheint hierfür keinen automatischen Durchbruch zu bringen, wirft aber ein Licht auf nach wie vor notwendige Umsetzungsschritte der Länder.

Persönliche Hilfsmittel zur Bildung sollten als Hilfsmittel zum Behinderungsausgleich der medizinischen Rehabilitation auch über das Ende der Schulpflicht hinaus geleistet werden. Für Assistenzleistungen in der Schule ist möglicherweise eine praktikablere Abgrenzung nach dem Grad

---

64 Zu Kitas: *Kuhlig, A.*, Eine neue Präventionsaufgabe?, DGUV-Forum 4/2014, S. 22-24.

65 So bereits KMK, Inklusive Bildung, Beschluss der KMK v. 20.10.2011, S. 4.

66 *Welti, F.*, Rechtliche Grundlagen einer örtlichen Teilhabeplanung in: Becker, U./ Wacker, E./ Banafsche, M., Inklusion und Sozialraum, 2013, S. 87-100.

der individuellen Zuordnung oder der notwendigen Einbindung in die Schulorganisation möglich.[67]

Eine grundsätzliche Neuordnung der Leistungen zur Unterstützung von Bildung hatte der Gesetzentwurf des Forums behinderter Juristinnen und Juristen beabsichtigt.[68] Dort wurde vorgeschlagen, die Hilfen zu einer schulischen Aus- und Weiterbildung einschließlich der Hochschulausbildung den Leistungen zur Teilhabe am Arbeitsleben zuzuweisen und zugleich die nachrangige Verantwortlichkeit der Träger der hier als „Soziale Teilhabe" neu betitelten Leistungen zur Teilhabe am Leben in der Gemeinschaft zu präzisieren. Dieser Vorschlag könnte zumindest ab Sekundarstufe II zu einer auch systematisch und aus Gleichheitsgründen gebotenen Gleichstellung beruflicher und schulischer Bildungs- und Ausbildungsgänge führen.

Die Barrierefreiheit als Aufgabe der Schulträger wird in den nächsten Jahren auch für den Bestand der Schulen angegangen werden müssen. Dies ergibt sich aus den in Art. 9 und 24 UN-BRK eingegangenen Verpflichtungen der Bundesrepublik Deutschland. Es empfehlen sich hierzu Stufenpläne für den Baubestand[69], die – richtig eingeordnet und kooperativ finanziert – Teil eines ohnehin dringend benötigten Investitionsprogramms im Bereich von Schulbau und Schulsanierung werden könnten.

Über Inklusion behinderter Schülerinnen und Schüler im Allgemeinen kann man lang und strittig diskutieren. Bekenntnisse zu den Menschenrechten alleine lösen aber noch keine Probleme, sondern benennen sie nur. Es wäre gut, wenn Rechtswissenschaft und Pädagogik, Politik und Verwaltung auch noch genug Energie darauf verwenden würden, über die konkreten Verantwortlichkeiten zu sprechen, die zur bestmöglichen Umsetzung der Inklusion nötig sind.

---

67 Welti, Verantwortlichkeit für angemessene Vorkehrungen und Barrierefreiheit in der Bildung, RdJB 2015, 34-47.

68 Dazu Frehe, H., Soziale Teilhabe: Ein Menschenrecht. Der Gesetzentwurf des Forums behinderter Juristinnen und Juristen, Kritische Justiz, 2012, S. 435-443; der Gesetzentwurf ist zu finden unter www.reha-recht.de/infothek.

69 Vgl. Welti, F./ Groskreutz, H./ Hlava, D./ Rambausek, T./ Ramm, D./ Wenckebach, J.: Evaluation des Behindertengleichstellungsgesetzes, BMAS-Forschungsberichte, Bd. 445, 2014, S. 495.

Die Umsetzung der schulischen Inklusion aus der Perspektive der kommunalen Schulträger. 4. Deutscher Schulrechtstag am 30.6.2016 in Berlin

Angela Faber

I. Das Handlungsmuster der Inklusion des Art. 24 UN-BRK

Der Begriff der „Inklusion" ist in aller Munde, spätestens mit dem Inkrafttreten der Behindertenrechtskonvention der Vereinten Nationen (im Folgenden: UN-BRK) im Jahr 2009. Es dürfte sich dabei mit den Worten von Victor Hugo um eine „mächtige Idee handeln, deren Zeit gekommen ist". Unabhängig von der hier thematisierten Inklusion im Bildungsbereich könnte der Begriff der Inklusion in einem die unterschiedlichen Lebensbereiche übergreifenden Sinne verstanden werden als ein Handlungs- und Denkmuster für den Umgang mit Unterschiedlichkeit. Inklusion ist, wenn nicht mehr gefragt wird, ob der oder die zu uns passt. Inklusion wird man nicht von heute auf morgen zu hundert Prozent herstellen können, aber schrittweise. Wichtig dabei ist, das Ziel einer Inklusion möglichst vieler behinderter Menschen nicht aus den Augen zu verlieren.

Grundsätzlich begrüßen die Kommunen die Zielsetzung der Inklusion. Insbesondere die Stadtgesellschaften üben sich bereits seit geraumer Zeit im Umgang mit heterogenen Einwohnern. So hat der Deutsche Städtetag im Jahr 2008 den sog. „Kölner Appell" zum Thema Vielfalt in der Stadt beschlossen.[1] Darin heißt es unter der Überschrift: 1. Vielfalt in der Stadt ist Tatsache und Chance zugleich:

> *„Die kulturelle Vielfalt in der Stadt gründet sich in der Vielfalt der kulturellen Milieus der Einwohner und Einwohnerinnen und deren lebendige Beziehungen zueinander. Unterschiedliche nationale und ethnische Herkunft, Geschlechtszugehörigkeit, Bildungshintergrund, Glaubenszugehörigkeit, personelle Biografie der Bevölkerung kennzeichnen urbane Gesellschaften, die sich ständig in Abhängigkeit von der Migrationsintensität, den wirtschaftlichen*

1 Kölner Appell: Interkulturelle Arbeit in den Städten. Verbindendes suchen, Verschiedenheiten zulassen. (beschlossen vom Vorstand des Städtetages Nordrhein-Westfalen in seiner 270. Sitzung am 16. Juni 2008 in Wuppertal)

und sozialen Entwicklungen, aber auch durch den Dialog untereinander verändern. Damit entsteht eine Vielfalt, die bei mittel- und langfristiger Betrachtung als besondere Entwicklungschance verstanden werden kann. Die weitere Entwicklung dieser kulturellen Vielfalt benötigt Spielräume, die nicht beengt werden dürfen, sondern erweitert werden müssen, um kulturellen und gesellschaftlichen Reichtum durch Vielfalt wachsen zu lassen.
Es ist Aufgabe der Stadtpolitik, die Vielfalt, insbesondere die kulturelle Vielfalt als Gewinn und Bereicherung für das städtische Leben anzuerkennen und zu nutzen sowie dazu beizutragen, dass sich diese Vielfalt in einem ebenso offenen wie aufgeschlossenen Klima entfalten kann. Die Kulturakteure in den Städten sind sich seit jeher ihrer besonderen Verantwortung bewusst, unterschiedliche kulturelle Ausdrucksformen und integrative Angebote in einer offenen Stadtgesellschaft zu fördern und mitzugestalten."

Aktuell stehen die Flüchtlinge und Asylbewerber[2] im Fokus. In Anbetracht der steigenden Sozialausgaben und der sich weiter öffnenden Schere zwischen armen und reichen Kommunen stellt sich aber die Angst vor finanzieller Überforderung ein. Daher achten viele Kommunen darauf, dass die verfassungsrechtlichen Zuständigkeits- und Finanzierungsregelungen nicht außer Acht gelassen werden.

Viele Kommunen haben sich in der Vergangenheit – schon vor einer Umsetzung des Art. 24 UN-BRK durch eine Schulgesetzgebung der Länder – auf den Weg gemacht und eigene Inklusionspläne erarbeitet. Andere Kommunen haben die landesgesetzlichen Umsetzungen abgewartet, um auf dieser Basis zu agieren und in der Hoffnung auf das Greifen eines mit der Landesgesetzgebung verknüpften Belastungsausgleichs.

Es muss ausgeschlossen werden, dass Bund oder Länder Erwartungen wecken und Ziele vorgeben, ohne gleichzeitig die erforderlichen Finanzmittel bereitzustellen. Vor Ort stehen und standen die Städte und Gemeinden unter erheblichen Druck, sofort - ohne Abwarten der erforderlichen schulgesetzlichen Weichenstellungen – ihre Schulen für Kinder und Jugendliche mit Behinderung weiter zu öffnen. Dabei ist die herzustellende räumliche Barrierefreiheit aber nur ein Gesichtspunkt der inklusiven Schule. Mindestens genauso wichtig sind das Erstellen entsprechender pädagogischer Konzepte und inklusiver Lehrpläne sowie die notwendige Aus- und Fortbildung der Lehrer. Den Lehrern der allgemeinen Schulen müssen Kenntnisse zum Umgang mit Heterogenität und zur Zusammenarbeit in multiprofessionellen Teams vermittelt werden, Führungskräfte müssen u.a.

---

2 Im Text wird, sofern nicht anders erforderlich, das generische Maskulinum verwendet.

auf die Entwicklung einer konstruktiven Haltung der Schulgemeinschaft zu einer inklusiven Schulkultur vorbereitet werden. Schließlich geht es um die erforderliche Ressourcenbereitstellung für alle Maßnahmen, insbesondere aber auch für die personellen Unterstützungsmaßnahmen.

Unakzeptabel erscheint es, wenn Landesgesetze bei der Umsetzung der UN-BRK im Schulwesen die Konnexitätsrelevanz ablehnen und dementsprechend keinen Belastungsausgleich vorsehen. Wenn die Länder nicht ihren Part zur Umsetzung des Art. 24 der UN-BRK leisten, wird das berechtigte Anliegen der Konvention zu Lasten der Kinder und Jugendlichen mit Behinderung auf der Strecke bleiben. Demgegenüber muss die Inklusion im Schulbereich konzeptionell, legislativ und finanziell abgesichert werden, damit sie gelingen kann. Es sei denn, man wollte eine halbherzige Inklusion. Diese wäre aus menschenrechtlicher Perspektive nicht haltbar, führt zu einer Inklusion nach Kassenlage und kommt für die Kommunen nicht in Betracht. Auch die bisher hoch engagierten Inklusionsakteure vor Ort bedürfen der strukturellen Unterstützung, damit nicht Ermüdung, Frustration oder gar Burnout eintreten.

II. Einige Daten zu Beginn - Abschied vom derzeitigen System und der Praxis der sonderpädagogischen Förderung in Deutschland

Nach Art. 24 der UN-BRK verpflichten sich die Vertragsstaaten, ein *inklusives* Bildungssystem auf allen Ebenen zu gewährleisten.[3] Die Bundesrepublik Deutschland hat die UN-BRK folgendermaßen umgesetzt: Der Bundestag hat im Dezember 2008 das „Gesetz zu dem Übereinkommen

3 Auch wenn die deutsche amtliche Übersetzung den Begriff „inklusiv“ mit „integrativ“ übersetzt hat, sind die Vertragsstaaten zur Schaffung eines „inklusiven“ Bildungssystems verpflichtet. Der deutsche Wortlaut ist gem. Art. 50 UN-BRK nicht verbindlich. Die unrichtige Übersetzung ist insoweit also unschädlich. Vgl. dazu: VGH Kassel, Urt. v. 12.11.2009 – 7 B2763/09 - , zitiert in Juris Rn. 15. Vgl. ferner dazu: M. Krajewski, JZ 3/2010, S. 120 (122); R. Poscher/T. Langer/J. Rux, Gutachten zu den völkerrechtlichen und innerstaatlichen Verpflichtungen aus dem Recht auf Bildung nach Art. 24 des UN-Abkommens über die Rechte von Menschen mit Behinderungen und zur Vereinbarkeit des deutschen Schulrechts mit den Vorgaben des Übereinkommens, erstellt im Auftrag der Max-Traeger-Stiftung, August 2008, S. 22. Hierzu und zum Folgenden vgl. W. Höfling/A. Engels, Schulische Inklusion und finanzverfassungsrechtliche Konnexität, NWVBl. 2014, S. 1 ff. sowie A. Faber, Die Umsetzung der Inklusion durch das Neunte Schulrechtsänderungsgesetz in Nordrhein-Westfalen, NWVBl. 2014, S. 8 ff.

der Vereinten Nationen vom 13. Dezember 2006 über die Rechte von Menschen mit Behinderungen sowie zu dem Fakultativprotokoll vom 13. Dezember 2006 zum Übereinkommen der Vereinten Nationen über die Rechte von Menschen mit Behinderungen“ beschlossen. Der Bundesrat hat zugestimmt. Die UN-BRK samt Fakultativprotokoll wurde anschließend ratifiziert und am 26. März 2009 für die Bundesrepublik völkerrechtlich verbindlich.[4]

In Deutschland bestand bislang ein zweigleisiges Schulsystem von allgemeinen (Regel-) Schulen auf der einen Seite und Förderschulen auf der anderen Seite, das historisch bedingt und nachvollziehbar in erster Linie durch den Gesichtspunkt der Fürsorge, nicht durch den der Teilhabe motiviert war. In der Praxis betragen die Inklusionsanteile im Schuljahr 2013/2014 bundesweit in der Kindertagesbetreuung 67,0%, in der Grundschule 45,9% und in der Sekundarstufe I 29,9%.[5] Die Förderquote beträgt deutschlandweit 6,8%, die Inklusionsquote 2,1% und die Exklusionsquote immerhin noch 4,7%.[6] Die UN-BRK geht demgegenüber (ausweislich ihrer Begründungsmaterialien) von einem viel höheren Inklusionsanteil (bis zu 80%) aus.

Auch ist die gemeinsame Beschulung von Kindern mit und ohne Behinderung in Abhängigkeit von der Schulstufe ganz unterschiedlich. In den deutschen Grundschulen liegt sie mit 45,9% sehr viel höher als im Bereich der Schulen der Sekundarstufe I mit 29,9%.[7] Im Bereich der Sekundarstufe I beteiligen sich die unterschiedlichen Schulformen in unterschiedlichem Maße an der gemeinsamen Beschulung. An Gymnasien findet sie immer noch nur in Ausnahmefällen statt. Das menschenrechtliche Anliegen auf Teilhabe gilt aber für alle Schulstufen und Schulformen! Dies bedeutet, dass erheblicher Nachholbedarf im Bereich der weiterführenden

4 Vgl. hierzu: A. Faber/V. Roth. Die Umsetzung der VN-Behindertenrechtskonvention durch die Schulgesetzgebung der Länder, DVBl. 2010, S. 1193 (1194).

5 Inklusionsanteil Gesamt im Jahr 2014/2015: 34,1%, aus dem Bericht „Bildung in Deutschland 2016“, abzurufen unter: http://www.bildungsbericht.de/de/bildungsberichte-seit-2006/bildungsbericht-2016/pdf-bildungsbericht-2016/bildungsbericht-2016.

6 KMK 2014 und KMK 2015.

7 Diese Zahlen sind dem Gutachten von Prof. Klemm „Gemeinsam lernen. Inklusion leben.“ für die Bertelsmann Stiftung aus dem Jahr 2010 entnommen. Sie beruhen auf einer Veröffentlichung des Statistischen Bundesamtes. Nicht einbezogen sind der Förderschwerpunkt geistige Entwicklung sowie das Land Niedersachsen.

Schulen besteht, um die Anschlussfähigkeit und die Fortsetzung des gemeinsamen Unterrichts für die Schüler mit Behinderung sicherzustellen.

Dabei sei eine Klarstellung erlaubt: Die UN-BRK schließt den *Fortbestand von Förderschulen* nicht vollständig aus und lässt diese auch weiterhin als Förderort zu. Das bedeutet, dass während eine nahezu vollständige inklusive Beschulung bei bestimmten Förderschwerpunkten (z. B. bei Lern- und Sprachbehinderung) sinnvoll und möglich erscheint, Förderschulen für andere Förderschwerpunkte (z. B. bei geistiger Behinderung) auch als alternative und temporäre Förderorte weiterhin Bestand haben könnten. Bei einem Gesamtkonzept der schulischen Inklusion wird man also auf Förderschulen nicht komplett verzichten können.

Die Verfasserin ist beim Landschaftsverband Rheinland (LVR) – einem höheren Kommunalverband in Nordrhein-Westfalen u.a. für knapp 40 Förderschulen zuständig. Im Anhang findet sich ein Überblick der vertretenen Förderschwerpunkte und der Entwicklungen der Schülerzahlen der letzten Jahre basierend auf eigenen Erhebungen des LVR.

III. Verpflichtung der Länder zur Umsetzung des Art. 24 UN-BRK durch Landesgesetzgebung – Inklusion in unterschiedlichen Geschwindigkeiten?

Allein und ausschließlich die Länder sind aufgrund ihrer verfassungsrechtlichen Zuständigkeit für das schulische Bildungswesen zur Umsetzung des Art. 24 UN-BRK berechtigt und aufgrund des Prinzips der Bundestreue verpflichtet. Einen guten Überblick über den Stand der Schulgesetzgebung kann man der Übersicht der Kultusministerkonferenz aus Januar 2015[8] entnehmen, aber auch der Studie des Deutschen Instituts für Menschenrechte von November 2014.[9] Zentrale Fragestellungen, die durch die Landesschulgesetzgebung gelöst werden müssen, sind folgende:

- Macht man ernst damit, dass für gewisse Behinderungsformen die Förderschulen auslaufen werden, so wie z.B. von *Klemm* und *Preuss-Lau-*

8 Umsetzung der inklusiven Bildung in den Ländern, Stand: 13. Januar 2015.

9 Inklusive Bildung: Schulgesetze auf dem Prüfstand. Vgl. auch: Döttinger/Hollenbach-Biele, Auf dem Weg zum gemeinsamen Unterricht, Bertelsmann Stiftung 2015.

sitz in der Vergangenheit vorgeschlagen? (Parallelsysteme sind am aufwändigsten und binden die meisten Ressourcen)
- Wird es – zumindest für einen Übergangszeitraum – für bestimmte Behinderungsformen Schwerpunktschulen geben müssen?
- Was sind die unabdingbaren Standards inklusiver Beschulung?
- Lässt man temporär eine exklusive Förderung von Menschen mit Behinderung zu, um diese besser auf inklusive Settings vorzubereiten?
- Wird das Verfahren der Ressourcenverteilung für Schüler mit sonderpädagogischem Unterstützungsbedarf umgesteuert?

Zum letzten Aspekt:

Die zur Ermittlung des sonderpädagogischen Förderbedarfs in den Ländern durchgeführten Diagnose- und Feststellungsverfahren verlaufen sehr uneinheitlich und führen zu höchst unterschiedlichen Förderquoten, die große Zweifel an der Validität und der Unabhängigkeit dieser Verfahren aufkommen lassen. Die Ressourcenvergabe für die sonderpädagogische Förderung war aber in der Vergangenheit an diese individuellen Feststellungsverfahren gekoppelt. In dieser Kopplung der Ressourcenvergabe an das Ergebnis der individuellen Feststellungsverfahren wurde auch ein Grund für das kontinuierliche Ansteigen der Schüler mit sonderpädagogischem Förderbedarf in Deutschland (trotz demographischer Gegenentwicklung) vermutet.

Im Zusammenhang mit der Umsetzung der UN-BRK wird daher auch immer häufiger – in Anlehnung an skandinavische und niederländische Vorbilder - vorgeschlagen, zumindest für einen Teil der Förderbedarfe – z.B. Lernen, Sprache und seelische/emotionale Entwicklung – die Ressourcenvergabe umzusteuern, das Feststellungsverfahren entfallen zu lassen und stattdessen in Abhängigkeit von der Gesamtschülerzahl den Schulen pauschale Summen (Budgets) zur Verfügung zu stellen. In den Förderbereichen, in denen man an den individuellen Feststellungsverfahren festhalten möchte, sollte man zu einer größeren Einheitlichkeit und Vergleichbarkeit der Verfahren kommen. Dies sind die Fragen, die normativ entschieden werden müssen und nicht von Kommune zu Kommune unterschiedlich beantwortet werden können.

IV. Finanzierung der Inklusion im Schulbereich – auch Menschenrechte kann man nicht allein mit Phantasie umsetzen

1. Finanzierung der Lehrer, ihrer Aus- und -fortbildung durch die Länder

Die Lehrer sind überwiegend landeseigenes Personal. Für deren Ausbildung und Fortbildung stehen mithin die Länder in der Finanzierungsverantwortung. Dies ist unstreitig. Umstritten ist, wie viele Sonderpädagogen und allgemeine Lehrer mit welchem Qualifikationsniveau für ein inklusives Bildungssystem benötigt werden. Hierfür spielt eine große Rolle, inwieweit die Länder Förderschulen und allgemeine Schulen als Parallelsysteme unterhalten oder aber einen Teil der Förderschulen (in Abhängigkeit von Förderschwerpunkten oder Mindestgrößen) schließen.

2. Finanzierung der Schulträgeraufgaben durch die Kommunen

Grundsätzlich sind die kommunalen Schulträger für die Schulgebäude, Lehr- und Lernmittel, die Schülerbeförderung, die Schulsekretariate und die Schulhausmeister zuständig und stehen insoweit in der Finanzierungsverantwortung. Dies gilt sicherlich bei der Fortschreibung bestehender Aufgaben. Etwas anderes gilt aber, wenn den Kommunen per Gesetz neue Aufgaben zugewiesen oder bestehende Aufgaben wesentlich erweitert werden.

Dann greifen die landesverfassungsrechtlich verankerten Konnexitätsprinzipien.

3. Konnexität

Alle Bundesländer mit Ausnahme der Stadtstaaten enthalten in ihren Verfassungen das sog. Konnexitätsprinzip. Als Beispiel soll insoweit die Konnexitätsregelung der nordrhein-westfälischen Landesverfassung, das strikte Konnexitätsprinzip des Art. 78 Abs. 3 sowie der Hintergrund seiner Aufnahme in die Landesverfassung[10] vorgestellt werden: Im Jahr 2004

10 Die nachfolgenden Ausführungen der Verfasserin finden sich auch in: Posser / Pünder / Schröder, Rechtsgestaltung im öffentlichen Recht, Liber Amicorum für H. Ehlers zum 70. Geburtstag, S. 87 – 99.

wurde das bislang „relative“ Konnexitätsprinzip der nordrhein-westfälischen Landesverfassung vom Verfassungsgeber zu einem „strikten“ Konnexitätsprinzip verschärft. Im Juni 2004 hatte der Landtag Nordrhein-Westfalen das Gesetz zur Änderung der Verfassung für das Land Nordrhein-Westfalen und zur Regelung eines Kostenfolgeabschätzungs- und Beteiligungsverfahrens gemäß Art. 78 Abs. 3 der Verfassung für das Land Nordrhein-Westfalen mit der nach Art. 69 Abs. 2 der Landesverfassung erforderlichen Mehrheit von zwei Dritteln der gesetzlichen Mitgliederzahl beschlossen. Das Gesetz in Form eines Artikelgesetzes trat bereits mit Wirkung zum 1. Juli 2004 in Kraft.

Damit wurde einem langjährigen Anliegen der kommunalen Spitzenverbände nach Verschärfung des Konnexitätsprinzips in der Landesverfassung entsprochen, die das bis dahin geltende „relative“ Konnexitätsprinzip – insbesondere auch in der Auslegung, die dieses durch die Rechtsprechung erfahren hatte – nur als „stumpfes Schwert“ gegenüber einer kommunalen Finanzautonomie in immer stärkerem Maße einschränkenden Landesgesetzgebung empfunden hatten.

Art. 78 a. F. der Landesverfassung NRW, der die kommunale Selbstverwaltung der Gemeinden und Gemeindeverbände regelt und gewährleistet, bestimmte in seinem dritten Absatz:

> „(3) Das Land kann die Gemeinden und Gemeindeverbände durch gesetzliche Vorschriften zur Übernahme und Durchführung bestimmter öffentlicher Aufgaben verpflichten, wenn gleichzeitig Bestimmungen über die Deckung der Kosten getroffen werden.“

Das Artikelgesetz änderte diese Formulierung scheinbar nur unwesentlich um in:

> „(3) Das Land kann die Gemeinden oder Gemeindeverbände durch Gesetz oder Rechtsverordnung zur Übernahme und Durchführung bestimmter öffentlicher Aufgaben verpflichten, wenn dabei gleichzeitig Bestimmungen über die Deckung der Kosten getroffen werden.“

Dann fügte das Artikelgesetz dem bisher nur aus einem Satz bestehenden dritten Absatz allerdings vier weitere Sätze an, die da lauten: *„Führt die Übertragung neuer oder die Veränderung bestehender und übertragbarer Aufgaben zu einer wesentlichen Belastung der davon betroffenen Gemeinden oder Gemeindeverbände, ist dafür durch Gesetz oder Rechtsverordnung aufgrund einer Kostenfolgeabschätzung ein entsprechender finanzieller Ausgleich für die entstehenden notwendigen, durchschnittlichen Aufwendungen zu schaffen. Der Aufwendungsersatz soll pauschaliert geleistet* *werden. Wird nachträglich eine wesentliche Abweichung von der Kostenfolgeabschätzung festgestellt, wird der finanzielle Ausgleich für die Zukunft angepasst. Das Nähere zu den Sätzen 2 bis 4 regelt ein Gesetz; darin sind die Grundsätze der Kostenfolgeabschätzung festzulegen und Bestimmungen über eine Beteiligung der kommunalen Spitzenverbände zu treffen.“*

Aus dieser breiten Verfassungsänderung wird bereits deutlich, dass das Artikelgesetz den Schlusspunkt einer langen Auseinandersetzung über den Inhalt und Charakter des bisherigen Art. 78 Abs. 3 der Landesverfassung NRW darstellen sollte. Die vormals zu knapp geratene und damit Missverständnisse provozierende Regelung des Art. 78 Abs. 3 sollte durch eine jetzt für einen Verfassungstext außerordentlich beredte Textfassung kompensiert werden. Enthielt bereits der alte Art. 78 Abs. 3 Landesverfassung NRW das Konnexitätsprinzip, allerdings nach der Interpretation des Verfassungsgerichtshofs in relativer Hinsicht, wollte der Gesetzgeber mit der Neuregelung dem strikten Konnexitätsprinzip zur Geltung verhelfen.

Der Bedeutungsgehalt der Neuregelung lässt sich in seiner Tragweite nur vor dem Hintergrund der wenig kommunalfreundlichen Rechtsprechung des Verfassungsgerichtshofs Nordrhein-Westfalen zu der bisherigen (relativen) Konnexitätsregelung in Art. 78 Abs. 3 Landesverfassung NRW begreifen.

Das Gericht maß dieser Vorschrift nur die Bedeutung zu, dass die den kommunalen Aufgabenträgern insgesamt zur Verfügung stehenden Finanzmittel in der für die Erfüllung ihrer gesamten Aufgaben angemessenen Höhe gewährleistet werden müssten. Diesem Erfordernis sollte nach Auffassung des Verfassungsgerichtshofs bereits dann Genüge getan sein, wenn den Kommunen insgesamt noch ausreichende Mittel zur eigenverantwortlichen Verwendung im Rahmen der Selbstverwaltungsaufgaben zur Verfügung stünden. Damit büßte die Regelung ihren Charakter als normakzessorische Reglung ein und ging in ihrer Bedeutung nur geringfügig über die allgemeine Finanzausgleichspflicht des Landes nach Art. 79 S. 2 Verfassung NRW hinaus.[11] Diese Rechtsprechung des nordrhein-westfälischen Verfassungsgerichtshofs verlieh dem Art. 78 Abs. 3 a. F. der Landesverfassung also nur die Bedeutung einer relativen Konnexitätsregelung.

11 Vgl. im Einzelnen VerfGH NRW, NWVBl. 1993, S. 7 (11f.); VerfGH NRW; NWVBl. 1998, S. 390 (393); VerfGH NRW, NWVBl. 2001, S. 340 (348).

Demgegenüber verlangt das strikte Konnexitätsprinzip, dass für übertragene Aufgaben neben und unabhängig vom kommunalen Finanzausgleich ein verfassungsrechtlich abgesicherter und verfassungsprozessual durchsetzbarer, aufgabenakzessorischer, von der kommunalen Finanzkraft und der Leistungsfähigkeit des Landes unabhängiger Anspruch auf Vollkostenausgleich besteht.[12] Mit der Einführung des strikten Konnexitätsprinzips verfolgte der Gesetzgeber ausweislich der Begründung des Gesetzentwurfs der Regierungsfraktionen[13] drei Zielsetzungen: Erstens soll sichergestellt werden, dass die Kommunen zukünftig vor Aufgabenübertragungen ohne konkreten Ausgleich der zusätzlichen finanziellen Belastung geschützt werden. Zweitens sollen die finanziellen Folgen einer Aufgabenübertragung stärker in das Kalkül des Gesetzgebers einbezogen werden. Drittens sollen die Regeln des Miteinanders von Land und Kommunen noch verlässlicher ausgestaltet werden. Diese drei Zielrichtungen können schlagwortartig mit Schutzfunktion, Disziplinierungs- oder Warnfunktion und Kooperationsfunktion bezeichnet werden.[14]

Das Ausführungsgesetz zu Art. 78 Abs. 3 der nordrhein-westfälischen Landesverfassung (KonnexAG) regelt die Erstellung der Kostenfolgeabschätzung und das Beteiligungsverfahren der kommunalen Spitzenverbände.

Bei der Umsetzung der schulischen Inklusion durch die Landesschulgesetzgebung dürften konnexitätsrelevant zunächst die auf die kommunalen Schulträger zukommenden Investitionen zur Schaffung von Barrierefreiheit (in einem umfassenden Sinne verstanden, z.B. auch taktile Einrichtungen für Schüler mit Sehbehinderung) sein, zumindest sofern es sich um Investitionen in den Gebäudebestand handelt. Daneben werden sich aber auch steigende Anforderungen an die Lehr- und Lernmittelversorgung und die Schülerbeförderung ergeben.

12 H.-G. Henneke, Der Landkreis 2003, S. 190 (202).

13 Gesetzentwurf der Fraktion der SPD und der Fraktion BÜNDNIS 90/DIE GRÜNEN vom 06.10.2003, Drs. 13/4424 , S. 11.

14 Zu diesem Normzweck vgl. auch: VerfGH NRW, DVBl. 2010, S. 1561 (1564).

4. *Vorrangige Zuständigkeit und Finanzierungsverantwortung der Länder für personelle Unterstützungsmaßnahmen beim „schulischen Ergänzungspersonal"*

Neben diesen sächlichen Kosten sind nicht unerhebliche Mehrausgaben speziell für die durch inklusive Beschulung erforderliche personelle Unterstützung, insbesondere Schulbegleiter („Integrationshelfer"), aber auch anderes therapeutisches Personal, Sozialpädagogen und Sozialarbeiter zu erwarten. Durch einen verstärkten Einsatz von Schulbegleitern in der allgemeinen Schule käme ein erhebliches Kostenrisiko auf die Städte zu, die nach derzeitiger Rechtslage die individuellen Rechtsansprüche auf Schulbegleiter als Jugendhilfe- oder Sozialhilfeträger finanzieren. Zurzeit werden für Kinder und Jugendliche mit Behinderung und jene, die von Behinderung bedroht sind, von den kommunalen Sozialhilfe- und auch Jugendhilfeträgern Integrationshelfer auf der Grundlage von § 35 a SGB VIII, § 54 SGB XII und z.T. auch auf der Grundlage von Landesschulrecht eingesetzt, die sie auch in der Schule begleiten.

Wurde bereits in der Vergangenheit für diese mit zunehmenden Ausgabenbelastungen verbundene Aufgabe eine Finanzierungszuständigkeit der Länder gefordert, so muss diese Forderung angesichts der Auswirkungen der UN-BRK umso vehementer gestellt werden. Dies auch aus folgender Überlegung heraus: Die Umsetzung der UN-BRK und die damit einhergehende Anpassung der Schulgesetze der Länder haben zur Folge, dass sich die Schullandschaft in der Bundesrepublik Deutschland grundlegend verändern wird. Die Ermöglichung eines gemeinsamen Unterrichts von Kindern mit und ohne Behinderung wird zur Kernaufgabe des schulischen inklusiven Bildungs- und Erziehungsauftrages. Dieser obliegt nach der Kompetenzordnung des Grundgesetzes den Ländern. Die Verantwortung der Länder sowohl inhaltlich wie finanziell folgt aus der künftig als Kernaufgabe definierten Verantwortung der inklusiven Beschulung. Daher müssten Regelungen getroffen werden, welche die vorrangige Zuständigkeit und Finanzierungsverantwortung für derartige personelle Unterstützungsmaßnahmen vollumfänglich durch die Länder, welche die Voraussetzungen für gelingenden Schulunterricht zu gewährleisten haben, sicherstellen.

Sollten die Länder für den Bereich der Integrationshelfer etc. die skizzierten Rechtsgrundlagen für eine Aufgaben- und Finanzierungszuständigkeit der Länder nicht schaffen, wäre in jedem Fall auch für diesen Bereich nach den Konnexitätsprinzipien in den Landesverfassungen ein Belastungsausgleich zu leisten. *Konnexitätsrelevanter* Anknüpfungspunkt wäre die Anpassung der Schulgesetze an Art. 24 der UN-BRK, die zu Mehrbelastungen der kommunalen Jugendhilfe- und Sozialhilfeträger durch eine quantitativ steigende Inanspruchnahme von Plätzen für Kinder mit Behinderung im gemeinsamen Unterricht und damit einer möglicherweise ansteigenden quantitativen Inanspruchnahme der Integrationshelfer führen wird. Je rudimentärer das allgemeine Schulsystem hinsichtlich inklusiver Beschulung ausgestattet ist, umso mehr werden - auch nach Durchführung der Evaluation des Inklusionsfördergesetzes in NRW - Schulbegleiter zu Ausfallbürgen dieser mangelhaften Ausstattung.

V. Wichtige weitere Gelingensbedingungen für die Umsetzung der schulischen Inklusion aus kommunaler Sicht

Weitere Gelingensbedingungen für die Umsetzung der schulischen Inklusion sind:

- Eine interkommunale Abstimmung der inklusiven kommunalen Schulentwicklungsplanungen, die auch die gute regionale Erreichbarkeit der schulischen Angebote im Blick hat. Dies setzt eine valide Datenlage (Schülerprognose) voraus.
- Eine unabhängige Beratung der Eltern von Kindern mit Behinderung unter Einbeziehung von Experten und Betroffenen.
- Die Möglichkeit, Schulbegleiter rechtssicher zu „poolen", d.h. im Rahmen multiprofessioneller Teams systemische Angebote machen zu können.[15]

Ein Ruhen der Schulpflicht (vgl. z.B. § 40 Abs. 2 SchulGNW), der Schulbesuchsausschluss (vgl. z.B. § 54 Abs. 4 SchulGNW) oder großzügige Beurlaubungen von Kindern mit Unterstützungsbedarf in ihrer sozial-emotionalen Entwicklung laufen dem Ziel der Inklusion zuwider. Demgegenüber sollte über die Schaffung temporärer exklusiver („time-out") Settings zur Vorbereitung von Inklusion nachgedacht werden.

---

15 Vgl. insoweit die Regelung in Art. 1, § 112 Abs. 4 des Bundesteilhabegesetzes vom 23.12.2016, BGBl.2016 Teil I, Nr. 66. Vgl. ferner: Dillmann/Eschweiler/Kleinen/Wildanger, Rechtliche Rahmenbedingungen und Verfahrensvorschläge zu sog. Poollösungen für schulische Integrationshilfen, Behindertenrecht 2017, S. 1-12.

VI. Der Prozess der Umsetzung des Art. 24 UN-BRK durch die Landesgesetzgebung am Beispiel NRW - das 9. Schulrechtsänderungsgesetz in NRW

Da das Grundgesetz den Ländern in der Bundesrepublik Deutschland die Zuständigkeit für die Schulgesetzgebung zuweist, sind die Länder für die Umsetzung des Art. 24 UN-BRK im Schulrecht zuständig.[16] Anhand des Landes Nordrhein-Westfalen, das Bundesland in dem ich in den vergangenen Jahren die Umsetzung der schulischen Inklusion verfolgen durfte, möchte ich gerne exemplarisch den Prozess der Umsetzung des Art. 24 UN-BRK durch die Landesschulgesetzgebung nachzeichnen. Sicherlich gab es in Nordrhein-Westfalen Eigengesetzlichkeiten. Die unterschiedlichen Interessen, die im Rahmen des Gesetzgebungsprozesses aufeinander trafen, sind aber in allen Bundesländern mehr oder weniger ausgeprägt anzutreffen. Am Beispiel der nordrhein-westfälischen Schulgesetzgebung soll nachfolgend illustriert werden, welchen Anfechtungen das in der nordrhein-westfälischen Landesverfassung garantierte strikte Konnexitätsprinzip ausgesetzt ist, wenn die Gestaltungsfreiheit des unter politischem Handlungsdruck agierenden Gesetzgebers durch die knappen verfügbaren Haushaltsmittel stark eingeschränkt ist.

Zunächst wird das Erste Gesetz zur Umsetzung der UN-Behindertenrechtskonvention in den Schulen (9. Schulrechtsänderungsgesetz – 9. SchRÄG) in Nordrhein-Westfalen vorgestellt, sodann seine Konnexitätsrelevanz sowie der „kreative" Umgang mit der Konnexität beleuchtet. Schließlich wird eine Bewertung dieses Umgangs insbesondere anhand der verfassungsrechtlichen Vorgaben unternommen.

Nach vier Jahren der Vorbereitung und der Diskussion mit den Kommunen, aber auch Vertretern der Zivilgesellschaft hat das Land NRW das „Erste Gesetz zur Umsetzung der UN-Behindertenrechtskonvention in den Schulen (9. Schulrechtsänderungsgesetz – 9. SchRÄG)" am 16. Oktober 2013 beschlossen. Es ist am 1. August 2014 in Kraft getreten.[17]

Die wichtigste Regelung des 9. SchRÄG ist, dass die sonderpädagogische Förderung in den allgemeinen Schulen zur Regel werden soll und entsprechende Rechtsansprüche eingeräumt werden. Gleichwohl sollen die Eltern weiterhin eine Förderschule für ihr Kind wählen können (Eltern-

---

16 Vgl. zur Umsetzungszuständigkeit der Bundesländer: BVerwG, B. v. 18.01.2010 - 6 B 52/09 -, zitiert in Juris Rn. 4.

17 GV.NRW Nr. 34 v. 15.11.2013, S. 613–622.

wahlrecht). Die neuen Rechtsansprüche fanden erstmalig 2014/2015 für Schüler in den Klassen 1 und 5, ab 2015/2016 aufwachsend für Schüler der nächsthöheren Jahrgänge Anwendung.

Einerseits wird mit der Konstituierung dieses „Elternwahlrechtes“ das Parallelsystem, bestehend aus allgemeinen und aus Förderschulen, auf dem Papier bis auf Weiteres festgeschrieben. Andererseits führt die gleichzeitig erfolgte Änderung der Verordnung über die Mindestgrößen von Förderschulen im Sinne der Verhinderung zu kleiner Förderschulen mittelfristig zu vielen Schließungen von Förderschulstandorten insbesondere im Bereich der Lern- und Entwicklungsstörungen aufgrund nicht ausreichender Schülerzahlen. Schließlich ermöglicht das 9. SchRÄG den Schulträgern die Bildung von „Schwerpunktschulen“ mit den Förderschwerpunkten Lernen, emotionale und soziale Entwicklung, Sprache und mindestens einem weiteren Förderschwerpunkt.

1. Konnexitätsrelevanz dem Grunde nach

Geraume Zeit vor dem Erlass des 9. SchRÄG hatten die Kommunen darauf hingewiesen, dass durch die Umsetzung der Inklusion im Schulbereich Mehrkosten in den Bereichen Schaffung inklusionsgeeigneter Schulgebäude (zusätzliche Klassenräume - auch aufgrund kleinerer Lerngruppen -, Differenzierungsräume, Rampen, Aufzüge, behindertengerechte Sanitärräume etc.) Schülerfahrkosten, Beschaffung geeigneter Lehr- und Lernmittel, Bereitstellung medizinisch-therapeutischen Personals, Schulsozialarbeiter und Schulpsychologen, Schulbegleiter oder Integrationshelfer nach dem SGB VIII und SGB XII entstehen. Die Konnexitätsrelevanz des 9. SchRÄG wurde aber seitens der Landesregierung von Beginn der Erarbeitung eines Referentenentwurfs an durch den Gesetzgeber des 9. SchRÄG verneint, eine zeitgleiche Kostenfolgeabschätzung ergo nicht erstellt und kein Belastungsausgleich für die Kommunen vorgesehen.[18]

---

18 Anders das Gesetz zur Einführung der inklusiven Schule in Niedersachsen vom 23.03.2012, Nds. GVBl. 2012, S. 34, das ausweislich seiner Begründung (LT-Drs. 16/4137 vom 26.10.2011, S. 10) (nur) davon ausgeht, dass Kosten der Umsetzung der schulischen Inklusion nicht erheblich im Sinne von Art. 57 Abs. 4 NV seien.

Für diese Rechtsauffassung wurden drei Gründe angeführt:

- Das Land Nordrhein-Westfalen weise bereits eine langjährige Tradition Gemeinsamen Lernens von Schülern mit und ohne Behinderung auf.
- Eine gesetzliche Regelung verbindlicher, den Vollzug prägender Anforderungen/Standards (etwa zur räumlichen Situation oder zu Assistenzpersonal) sei nicht vorgesehen.
- Schließlich könnten dem Land Verursachungsbeiträge Dritter nicht zugerechnet werden, z.B. das Wahlverhalten der Eltern oder die Entscheidungen der Schulträger im Rahmen ihrer Schulentwicklungsplanung, zur Einrichtung von Angeboten Gemeinsamen Lernens und zur Errichtung von Schwerpunktschulen.[19]

Zu diesen Argumenten ist folgendes anzumerken:[20]

Auch wenn es in der Vergangenheit eine (gegenüber der getrennten Beschulung viel geringere) „integrative" Beschulung von Menschen mit Behinderung in Nordrhein-Westfalen gegeben hat, so schreibt das 9. SchRÄG als „Erstes Gesetz zur Umsetzung der UN-BRK in den Schulen" keine bereits in der Vergangenheit von den Schulen so wahrgenommene Aufgabe der Inklusion fort. Ansonsten hätte es der Umsetzung der UN-BRK durch ein Schulrechtsänderungsgesetz auch gar nicht bedurft. Vielmehr enthält es einen Paradigmenwechsel weg von einer bisher - als Ausnahme - nicht als Regelfall praktizierten - „Integration" von Schülern mit Behinderung hin zu einer als Regelfall zu handhabenden „Inklusion". Auf diesen „Paradigmenwechsel" wird ja auch in der Gesetzesbegründung selbst hingewiesen.[21]

In der Tat lässt das 9. SchRÄG fast jegliche Qualitätsstandards (Ausstattung der Schulen, Klassengrößen, Einrichtung multiprofessioneller Teams, Tandemunterricht, Verteilung der Schwerpunktschulen etc.) vermissen, was schon unter dem Gesichtspunkt einer hinreichenden Umsetzung der UN-BRK bedenklich ist. In diesem Zusammenhang ist auch da-

---

19 Einleitung des Gesetzentwurfs, Drs. 16/2432 vom 21.03.2013, S. 5.

20 Vgl. grundsätzlich zu der Konnexitätsproblematik: W. Höfling, Rechtsgutachten „Rechtsfragen zur Umsetzung der Inklusion im Schulbereich" von März 2012, veröffentlicht unter: http://www.staedtetag-nrw.de/stnrw/inter/fachinformationen/bildung/065518/index.html; Höfling/Engels, Inklusion (Fn. 5), S. 1 ff.; Faber, 9. Schulrechtsänderungsgesetz (Fn. 5), S. 8 ff.; M. Trips, Konnexitätsprinzip und Inklusion, NdsVBl. 2013, S. 297 ff.

21 So auch die Begründung des Gesetzentwurfes der Landesregierung zu Art. 1 Nr. 1 (§ 2), zu Abs. 5, Sätze 1 und 2 auf S. 44 der Drs. 16/2432.

rauf hinzuweisen, dass das Land bereits Ende 2011 das Raumprogramm für allgemeinbildende Schulen und Förderschulen[22] hat auslaufen lassen. Unter dem Gesichtspunkt der hinreichenden Umsetzung der UN-BRK dürfte diese „Standardabstinenz“ des Landes bedenklich sein. Auch stellt sich die Frage, ob bei einer derartig gravierenden Änderung des Schulsystems, die für die betroffenen Schüler auch grundrechtsrelevant ist, der Gesetzgeber die grundlegenden Qualitätsstandards außer Acht lassen und insoweit sich in Unterlassen und Untätigkeit flüchten darf. Verfassungsgerechtlich verpflichten das Rechtsstaats- und Demokratieprinzip den Gesetzgeber, die wesentlichen – das sind insbesondere die für die Grundrechte der Schüler sowie deren Eltern wichtigen Entscheidungen - im Schulbereich selbst zu treffen und nicht der Verwaltung zu überlassen.[23] Ungeachtet dieser bedenklichen Standardabstinenz, räumt das 9. SchRÄG – wie dargelegt - originäre Rechtsansprüche auf inklusive Beschulung ein, was zu einer für das Eingreifen des Konnexitätsprinzips ausreichenden Aufgabenveränderung bei den Kommunen führt.

„Verursachungsbeiträge Dritter“ dürften dann dem Land zurechenbar sein, wenn es diese „Verursachungsbeiträge“ in Form der Ausübung des gesetzlich eingeräumten Wahlrechts oder der Einrichtung von Angeboten des gemeinsamen Lernens durch den kommunalen Schulträger zweckveranlasst oder induziert hat. In diesem Zusammenhang ist auch auf eine aktuelle Rechtsprechung hinzuweisen, wonach die strukturell- und organisationsrechtliche Funktion des Konnexitätsprinzips dieses auch bei optionalen Aufgabenwahrnehmungen durch die Kommunen greifen lässt.[24]

---

22 Grundsätze für die Aufstellung von Raumprogrammen für allgemein bildende Schulen und Förderschulen,
RdErl. d. Ministeriums für Schule und Weiterbildung v. 19. 10. 1995 (GABl. NW. I S. 229) Diese Grundsätze waren bis 31.12.2010 befristet und sind nach einer nochmaligen einjährigen Verlängerung Ende 2011 außer Kraft getreten. Sie sind durch die Arbeitshilfe „Materialien zum Schulbau“ (veröffentlicht in der Reihe „Der GanzTag in NRW – Beiträge zur Qualitätsentwicklung“, Heft 23/2012), ersetzt worden. Diese haben lediglich empfehlenden Charakter. Über die notwendigen Infrastrukturen und Rahmenbedingungen entscheidet der Schulträger in eigener Verantwortung. Richtschnur dabei sind die in § 79 Schulgesetz für das Land Nordrhein-Westfalen enthaltenen allgemeinen Schulträgerverpflichtungen.

23 BVerfGE 41, 251 (259f.); 58,257 (268 ff.), 108, 282 (311 f.); F. Brosius-Gersdorf, in: Dreier, GG-Komm., 3. Aufl. 2013, Art. 7 Rn. 54 m.w.N.

24 VerfGH Saarl., Beschl. v. 08.10.2013 – Lv 16/12 – LKRZ 2013, S. 527.

2. Konnexitätsrelevanz der Höhe nach

Das Land hat nicht nur die Konnexitätsrelevanz des 9. SchRÄG dem Grunde nach bestritten, sondern auch vorgebracht, dass den Kommunen keine erheblichen Kosten bei der Umsetzung der Inklusion im Schulbereich entstünden. Ferner hat es sich darauf berufen, dass die verfügbaren Erkenntnisse derzeit eine hinreichend belastbare Aussage darüber, ob und ggf. inwieweit die Einführung der inklusiven Schulbildung zu einer im Sinne des KonnexAG relevanten, d.h. wesentlichen finanziellen Belastung der Kommunen führe, nicht zuließen. Die maßgeblichen Kosten seien nicht prognostizierbar, weil sie vor allem von den Entscheidungen des Schulträgers beim Ausbau von Angeboten des Gemeinsamen Lernens und der Ausübung des elterlichen Wahlrechts abhingen.[25] Ferner hat das Land auch in Abrede gestellt, dass im Falle der Konnexitätsrelevanz die konnexitätsrelevante Bagatellgrenze von 4,5 Mio. Euro landesweit überschritten würde.

Es stellt sich die Frage, ob der Hinweis auf die Schwierigkeiten einer Prognose nicht gerade dazu führen muss, dass der Gesetzgeber sich vor der Regelung eines Lebensbereiches, die möglicherweise zu kostenträchtigen Aufgaben für die Kommunen führt, besonders intensiv mit den möglichen Auswirkungen der Regelung befassen muss, bevor er diese erlässt. Genau diese „Warn- oder Disziplinierungsfunktion“ ist eine der wesentlichen Aufgaben des strikten Konnexitätsprinzips.[26] Wenn die Schwierigkeiten, die jeder Prognose mehr oder weniger immanent sind, dazu führen dürften, dass der Gesetzgeber sich den Wirkungen des verfassungsrechtlichen Konnexitätsprinzips entziehen könnte, würde diese wesentliche Funktion verfehlt.[27] Es würde im Zeitalter von knappen öffentlichen Haushalten und der Schuldenbremse ein Anreiz gesetzt, Lebensbereiche mög-

---

25 Einleitung des Gesetzentwurfs, Drs. 16/2432 vom 21.03.2013, S. 7.

26 Aus der Amtlichen Begründung des Gesetzentwurfs zur Einführung der strikten Konnexität in die Landesverfassung vom 6.10.2003, Drs. 13/4424, S. 11: „Da die Einführung der Konnexität zu einer Schärfung des Kostenbewusstseins führt, wird damit auch ein Beitrag dazu geleistet, die finanziellen Folgen einer Aufgabenübertragung stärker in das Kalkül des Gesetzgebers zu ziehen.“ Vgl. dazu auch statt vieler A. Schink, Wer bestellt, bezahlt - Verankerung des Konnexitätsprinzips in der Landesverfassung NRW, NWVBl. 2005, S. 85 (87).

27 Vgl. W. Höfling, Stellungnahme 16/774 zum Gesetzentwurf, S. 11, (http://www.landtag.nrw.de/portal/WWW/dokumentenarchiv/Dokument/MMST16-774.pdf) sowie in Rechtsgutachten (Fn. 12), S. 74 ff.

lichst ergebnisoffen zu regeln, um damit die Prognose der Auswirkungen zu erschweren und sich den aus der Art. 78 Abs. 3 Landesverfassung und dem KonnexAG resultierenden Verpflichtungen zu entziehen.

Der bisweilen geäußerte Vorwurf, auch die Kommunen hätten derartige Daten nicht vorgelegt, verkennt die verfassungsrechtliche Aufgabenverteilung. Es ist nicht die Aufgabe der Kommunen, bei einem konnexitätsrelevanten Gesetz die verfassungsrechtlich dem Land obliegende Aufgabe zur Erstellung einer Kostenfolgeabschätzung zu übernehmen (vgl. Art. 78 Abs. 3 Satz 2 LV; § 6 Abs. 1 KonnexAG).

Trotz dieser verfassungsrechtlich dem Land obliegenden Aufgabe haben die nordrhein-westfälischen kommunalen Spitzenverbände bei einem Konsortium von Bildungs- und Finanzwissenschaftlern ein Finanzgutachten in Auftrag gegeben, das im Juli 2013 vorgelegt wurde.[28] Am Beispiel der Stadt Essen sowie des Kreises Borken samt seiner kreisangehörigen Städte und Gemeinden berechnet dieses Gutachten, welche finanziellen Be- und Entlastungen auf diese Kommunen zukommen, wenn das 9. SchRÄG und die geplante Verordnung über die Schulgrößen der Förderschulen in der vorgelegten Form umgesetzt werden.

Zugrunde gelegt wurde die Annahme der Landesregierung selbst, wonach von einer Inklusionsquote von 70% bei Lern- und Entwicklungsstörungen und von 50% bei den übrigen Förderschwerpunkten im Jahr 2017 auszugehen ist.[29] Das Gutachten kommt zu dem Ergebnis, dass in der Stadt Essen bis 2019/2020 mindestens 18 Mio. Euro Investitionskosten vor allem für Barrierefreiheit und zusätzliche Räume und danach jährlich rund 12 Mio. Euro laufende Kosten für die Inklusion zusätzlich aufgewendet werden müssen. In Borken sind allein für die Grundschulen Investitionen in Höhe von 3 Mio. Euro und jährlich laufende Kosten von 4 Mio. Euro anzusetzen. Bei einer pädagogisch sinnvollen Verkleinerung der Klassen steigen die Kosten für Essen auf über 40 Mio. Euro und für den Kreis Borken auf 10 Mio. nach oben.[30] Bereits dieses Gutachten belegt also,

---

28 A. Schwarz/H. Weishaupt/K. Schneider/ A. Makles/M. Tarazona, Mögliche kommunale Folgekosten der Umsetzung der Inklusion im Schulbereich in Nordrhein-Westfalen am Beispiel der Stadt Essen und des Kreises Borken, Juli 2013, abrufbar unter: http://www.staedtetag-nrw.de/stnrw/inter/fachinformationen/bildung/066587/index.html.

29 Einleitung des Gesetzentwurfs, Drs. 16/2432 vom 21.03.2013, S. 3.

30 Auch die Landesregierung geht offenbar davon aus, dass im Zuge der Inklusion erhebliche Sachkosten auf die Schulträger zukommen. So wurden in den Landeshaushalt 2013 im Etat des Schulministeriums (Kapitel 05 450) „Investitionskosten

dass die konnexitätsrelevante Bagatellgrenze durch das 9. SchRÄG um ein Vielfaches überschritten wurde.

Wenn aber das 9. SchRÄG zu einer nach Art. 78 Abs. 3 Landesverfassung konnexitätsrelevanten Übertragung einer neuen Aufgabe bzw. mindestens einer wesentlichen Änderung einer bereits bestehenden Aufgabe und in der Folge zu einer wesentlichen, vom Land finanziell auszugleichenden Mehrbelastung der Gemeinden und Gemeindeverbände im Sinne des Konnexitätsausführungsgesetzes führt, dann hätte dem Gesetzentwurf oder dem Entwurf eines zusätzlichen Belastungsausgleichsgesetzes eine entsprechende Kostenfolgeabschätzung beigefügt werden müssen (§ 6 Abs. 2 Konnex AG). Nach Auffassung der kommunalen Spitzenverbände in Nordrhein-Westfalen[31] und einigen Stimmen in der Literatur verstößt das Gesetz daher gegen Art. 78 Abs. 3 der LV und die Regelungen des KonnexAG.[32]

3. „Konnexitätssurrogate"

a.) Nachgelagerte Kostenausgleichsregelung

Der Landesgesetzgeber war sich in seiner Verneinung des Konnexitätsfalles aber nicht ganz sicher: Nachdem die kommunalen Spitzenverbände im

---

bei den staatlichen Schulen im Zusammenhang mit der Inklusion" von 100.000 Euro eingeplant. Vgl. auch die schriftliche Beantwortung der Frage 3 der FDP-Fraktion aus Anlass der Sitzung des Ausschusses für Schule und Weiterbildung am 16.01.2013 (zum Gesetz über die Feststellung des Haushaltsplans des Landes Nordrhein-Westfalen für das Haushaltsjahr 2013) durch die stellv. Ministerpräsidentin und Schulministerin Löhrmann mit Schreiben vom 24.01.2013 (= Landtagsvorlage 16/578, S. 3).

31 Stellungnahme der Arbeitsgemeinschaft der Kommunalen Spitzenverbände 16/777 vom 21.05.2013 Nordrhein-Westfalen zum Ersten Gesetz zur Umsetzung der VN-Behindertenrechtskonvention in den Schulen (9. Schulrechtsänderungsgesetz) (Gesetzentwurf der Landesregierung, Drs. 16/2432) und zur Änderung der Verordnung über die Schulgrößen der Förderschulen und der Schulen für Kranke vom 21.05.2013 – Ausführliche Fassung – abgedruckt unter: http://www.landtag.nrw.de/portal.

32 Zu dieser Konnexitätsrelevanz dem Grunde nach siehe Höfling, Rechtsgutachten (Fn. 12), veröffentlicht unter: http://www.staedtetag-nrw.de/stnrw/inter/fachinformationen/bildung/065518/index.html; vgl. ferner Höfling/Engels, Inklusion (Fn. 5), S. 3 ff.; a.A.: A.-K. *Schwarz,* Inklusion als „neue" Landesaufgabe, NWVBl. 2013, S. 81 ff.

Rahmen des Gesetzgebungsverfahrens angekündigt hatten, dass im Falle einer unveränderten Verabschiedung des Gesetzes Mitgliedskommunen Verfassungsklage vor dem Landesverfassungsgericht erheben würden, hat es seitens der regierungstragenden Landtagsfraktionen eine Initiative mit dem Ziel einer außergerichtlichen Einigung gegeben.

Quasi in der letzten Minute des Gesetzgebungsverfahrens wurde per Änderungsantrag der regierungstragenden Fraktionen eine Ergänzung des Entwurfes des 9. SchRÄG (Art. 4 § 3 neu) dergestalt vorgenommen, dass das Inkrafttreten des Gesetzes um ein Jahr verschoben wurde. Ferner wurde vorgesehen, dass das Schulministerium im Rahmen einer gesonderten, unter Beteiligung der kommunalen Spitzenverbände zu erstellenden Untersuchung ermitteln solle, ob und gegebenenfalls welche finanziellen Auswirkungen für die Kommunen im Rahmen ihrer Aufgaben im Zusammenhang mit der Veränderung des regionalen Schulangebotes entstünden. Außerdem wurde die Landesregierung vorsorglich bereits durch das 9. SchRÄG ermächtigt, eine Kostenausgleichsregelung im Verordnungswege zu schaffen, sofern die Voraussetzungen der §§ 1,2 KonnexAG vorlägen.[33]

---

33 Art. 4 § 3 des 9. SchRÄG lautet:

§ 3

(1) Das für Schule zuständige Ministerium ermittelt im Rahmen einer gesonderten, unter Beteiligung der Kommunalen Spitzenverbände zu erstellenden Untersuchung, ob und gegebenenfalls welche finanziellen Auswirkungen für die Kommunen im Rahmen ihrer Aufgaben im Zusammenhang mit der Veränderung des regionalen Schulangebots durch dieses Gesetz entstehen.

(2) Die Landesregierung wird ermächtigt, durch Rechtsverordnung im Einvernehmen mit dem Landtag bei Vorliegen der Voraussetzungen der §§ 1,2 KonnexAG auf der Grundlage der in der Untersuchung ermittelten Kosten durch eine Kostenausgleichsregelung den Ersatz der

a) durch Übertragung neuer Aufgaben oder

b) durch Veränderung bestehender Aufgaben für den kommunalen Aufgabenträger entstehenden notwendigen durchschnittlichen Aufwendungen in pauschalierter Form zu regeln. Eine entsprechende Kostenausgleichregelung kann unter den gleichen Voraussetzungen auch durch Gesetz erfolgen.

(3) Eine solche unter Berücksichtigung der Untersuchung nach Abs. 1 zu erstellende Kostenausgleichregelung hat rückwirkend auf die entstandenen durchschnittlichen Kosten eines bestimmten Zeitraumes, der nicht mehr als drei Jahre nach Inkrafttreten dieses Gesetzes umfassen darf, abzustellen. Zur Ermittlung der Kosten kann auf Durchschnittsbetrachtungen repräsentativer Kommunen abgestellt werden, wenn die Auswahl der Kommunen im Einvernehmen mit den Kommunalen Spitzenverbänden in Nordrhein-Westfalen er-

b.) Verfahrensvereinbarung

Flankierend wurde außerdem eine Vereinbarung zwischen der Landesregierung, den regierungstragenden Fraktionen und den kommunalen Spitzenverbänden abgeschlossen. Darin verständigten sich die Beteiligten, in nachgelagerten Konsensgesprächen den Versuch einer einvernehmlichen abschließenden Klärung der Konnexitätsfrage zu unternehmen. Obwohl beide Seiten in dieser Verfahrensvereinbarung an ihren bisherigen Rechtsansichten zur Konnexitätsrelevanz des 9. SchRÄG festhielten, schloss diese Vereinbarung die Möglichkeit der formellen Anerkennung der Konnexität vonseiten des Landes ausdrücklich ein. Der Auftrag der zu bildenden Arbeitsgruppe wurde bis spätestens zum 31.01.2014 und damit zeitlich eng begrenzt.

Für die kommunalen Spitzenverbände war beim Abschluss der Vereinbarung handlungsleitend, dass einerseits die kommunalen Rechte mit Blick auf eine mögliche gerichtliche Auseinandersetzung vor dem Landesverfassungsgericht gewahrt und die Option einer Klage der Mitgliedsstädte als ultima ratio aufrecht erhalten werden sollte. Andererseits sollten alle gegebenen Möglichkeiten zu einer außergerichtlichen Einigung unter der Bedingung der Wahrung kommunaler Rechte genutzt werden.

c.) Eingeholtes Kostengutachten

In der daraufhin eingesetzten Arbeitsgruppe waren die Staatskanzlei, das Schulministerium, das Innenministerium, Vertreter der Regierungsfraktionen sowie die kommunalen Spitzenverbände vertreten. Zu Beginn dieser Gespräche wurde als Gutachter für ein weiteres Gutachten zu den kommunalen Folgekosten der Inklusion (neben dem von den kommunalen Spitzenverbänden bereits eingeholten Gutachten von Prof. Weishaupt/Prof. Schneider/Dr. Schwarz u.a.) der Essener Bildungsforscher Prof. Dr. Klaus Klemm ausgewählt, der bereits in der Vergangenheit den Inklusionspro-

folgt; ebenso kann die Erhebung und Ermittlung der Kosten durch einen geeigneten sachkundigen Dritten erfolgen, wenn die Auswahl des Dritten nach Anhörung mit den Kommunalen Spitzenverbänden in Nordrhein-Westfalen erfolgt. In die Rechtsverordnung sind auch der Verteilschlüssel und Regelungen zum Verfahren der Kostenermittlung aufzunehmen."

zess in NRW untersucht und ein Gutachten zu dessen Konsequenzen bei der Lehrerversorgung für das Land erstellt hatte.

Nach der dem Verhandlungsprozess zugrunde liegenden Verfahrensvereinbarung sollte dieses neue Gutachten als zusätzliche Erkenntnisquelle für eine gemeinsame erste Kostenschätzung verstanden werden. Juristische Aussagen zur Konnexitätsrelevanz wurden ausdrücklich nicht zum Gegenstand des Gutachtenauftrags gemacht.

In dem Gutachten[34] wurden beispielhaft zwei Gebietskörperschaften, die kreisfreie Stadt Krefeld sowie der Kreis Minden-Lübbecke, hinsichtlich der Kostenentwicklung untersucht. Für den betrachteten Zeitraum 2014/15 – 2016/17 prognostiziert Prof. Klemm die bei Umsetzung der Inklusion zu erwartenden Ausgaben in den beiden Beispielkommunen und stellt fest, dass die Umsetzung des 9. SchrÄG Kostenfolgen für die Kommunen auslöse, die ein Vielfaches oberhalb der sog. Bagatellgrenze liegen. Damit kommt nach dem o.a. Gutachten der kommunalen Spitzenverbände auch dieses Gutachten zu dem Ergebnis, dass die konnexitätsrelevante Kostenschwelle deutlich überschritten wird. Die so exemplarisch für zwei unterschiedliche Regionen ermittelten inklusionsbedingten Bildungsausgaben während der Jahre 2014/15 bis 2016/17 lassen sich zwar nicht ohne weiteres auf das Land hochrechnen. Gleichwohl hat der Gutachter auf der Basis der Zusatzausgaben je zusätzlich inklusiv unterrichtetes Kind eine vorsichtige Abschätzung der zusätzlichen Ausgaben in NRW unternommen, um – so der Gutachter – „eine Vorstellung von den während der betrachteten drei Jahre auf die Schulträger zukommenden inklusionsbedingten Bildungsausgaben zu gewinnen“.[35]

Bei der Bildung eines Mittelwertes aus beiden Regionen kommt der Gutachter anhand der zugrunde gelegten Inklusionsanteile in den kommenden drei Jahren zu einem landesweiten Kostenvolumen von 76 Mio. Euro im investiven Bereich („Korb I“) und 37,5 Mio. Euro im Bereich der

34 K. Klemm, „Mögliche finanzielle Auswirkungen einer zunehmenden schulischen Inklusion in den Schuljahren 2014/15 bis 2016/17 - Analysen am Beispiel der Stadt Krefeld und des Kreises Minden-Lübbecke“, http://www.schulministerium.nrw.de/docs/Schulsystem/Inklusion/Gutachten-Prof_-Klemm_Text.pdf.

35 K. Klemm, „Mögliche finanzielle Auswirkungen einer zunehmenden schulischen Inklusion in den Schuljahren 2014/15 bis 2016/17 - Analysen am Beispiel der Stadt Krefeld und des Kreises Minden-Lübbecke“, S. 2 http://www.schulministerium.nrw.de/docs/Schulsystem/Inklusion/Gutachten-Prof_-Klemm_Text.pdf.

Kosten des nicht lehrenden Personals (Sozialarbeiter, Schulpsychologen und Integrationshelfer – „Korb II“).)

4. Einigung und Verabschiedung eines Inklusionsfördergesetzes

Im Anschluss an die Vorlage des Gutachtens am 31.01.2014 hat es zahlreiche „Verhandlungsrunden“ zwischen der Landesseite und den kommunalen Spitzenverbänden gegeben. Schließlich konnte Anfang April 2014 eine Verständigung zwischen dem Land und den kommunalen Spitzenverbänden erzielt werden, die Eingang in das Inklusionsfördergesetz[36] fand: Insgesamt wird das Land den Kommunen in den folgenden fünf Jahren mindestens 175 Mio. Euro erstatten. Jährlich sind dies 35 Mio. Euro, die sich aus 25 Mio. Euro für notwendige Investitionen (z.B. für zusätzliche Klassen- und Differenzierungsräume, sanitäre Ausstattungen und Barrierefreiheit) sowie aus 10 Mio. Euro für Personalausgaben (für nicht-lehrendes Personal wie Schulpsychologen, Schulsozialarbeiter und systemisch eingesetzte Integrationshelfer) zusammensetzen. Diese pauschalierten Zahlungen sollen ab dem Haushaltsjahr 2015 fließen. Bei den investiven Kosten soll bereits das erste Halbjahr des kommenden Schuljahres 2014/15 berücksichtigt werden. Die Verteilung der pauschalierten Zahlung im investiven Bereich soll auf der Grundlage der Schülerzahlen an den allgemeinen Schulen an die kommunalen Schulträger erfolgen. Für die Verteilung der Kostenpauschale für das nicht-lehrende Personal wurde ein besonderer Verteilschlüssel gewählt.

Darüber hinaus erkennt auch das Land im Rahmen der Vereinbarung an, dass das die Inklusion umsetzende 9. SchRÄG hinsichtlich der Schulträgeraufgaben der Konnexität unterfällt. Außerdem sieht die Verständigung vor, dass die kommunalen Aufwendungen für die Inklusion zunächst jährlich überprüft und dementsprechend die Pauschalen des Landes für das jeweils kommende Haushaltsjahr angepasst werden sollen. Dieser enge Überprüfungsturnus erlaubt es, im Falle des Abweichens der Kostenpauschalen des Landes von den tatsächlich entstehenden Kosten, diese Pauschalen so schnell wie haushaltstechnisch möglich anzupassen. Für den Fall, dass eine gerichtliche Klärung in Zukunft ein abweichendes Ergebnis

36 Gesetz zur Förderung kommunaler Aufwendungen für die schulische Inklusion vom 9. Juli 2014 (GV. NRW. S. 404).

erbringen sollte, soll die Vereinbarung zwischen dem Land und den kommunalen Spitzenverbänden gegenstandslos werden.

Mittlerweile wurden zwei Evaluationszyklen für das Inklusionsfördergesetz durchgeführt. Ergebnis war u.a., dass die Inklusionspauschale für das nicht lehrende Personal zu niedrig bemessen war und um weitere 10 Mio. Euro aufgestockt wurde.[37]

Auch wenn bei der Umsetzung der Inklusion in den Schulen aus Sicht der Kommunen sicherlich noch das ein oder andere Anliegen offen geblieben ist, so bedeutete die erzielte Verständigung mit dem Land doch, dass nunmehr die Kommunen ihre Umsetzungspläne im Interesse der Kinder und Jugendlichen mit Behinderung sowie deren Eltern fortsetzen konnten und ab dem Haushaltsjahr 2015 bereits mit den pauschalierten Kostenerstattungen des Landes rechnen durften.

Die mit dem Land erzielte Verständigung wurde auch in den anderen Bundesländern, die genauso wie Nordrhein-Westfalen mit der Umsetzung der Inklusion befasst sind und waren, aufmerksam verfolgt und in Niedersachsen und Baden-Würtemberg wurden ähnliche Vereinbarungen mit den Landesregierungen getroffen bzw. schulgesetzlich geregelt.

5. Bewertung der „Konnexitätssurrogate"

Das vorgestellte 9. SchRÄG erkennt den Konnexitätsfall nicht an und enthält demzufolge keine zeitgleichen Kostenfolgeabschätzungen bzw. darauf fußende Belastungsausgleichsregelungen. Vielmehr sieht es in einer Gesetzes- bzw. Verordnungsermächtigung eine nachgelagerte Kostenausgleichsregelung vor.[38] Diese Lösung wurde aus rein pragmatischen Grün-

---

37 Im Rahmen der dritten Evaluationsrunde führt das Wuppertaler Institut für bildungsökonomische Forschung im Auftrag des Ministeriums für Schule und Weiterbildung mit Unterstützung der kommunalen Spitzenverbände eine Vollerhebung (Befragung aller örtlichen Träger der Jugendhilfe und/oder Sozialhilfe) zu den zusätzlichen kommunalen Aufwendungen für Integrationshelfer durch. Perspektivisch dürften die ansteigenden Integrationshelferkosten im Vergleich zu den investiven Kosten die größere Belastung der Kommunen bedeuten, was seitens der kommunalen Spitzenverbände in der Vergangenheit wiederholt vorgetragen wurde.

38 Einen ähnlichen Weg hat übrigens der Gesetzgeber beim Tariftreue- und Vergabegesetz (TVgG) beschritten: Bei den parlamentarischen Beratungen zum TVgG hat u.a. der damalige Wirtschaftsminister betont, dass durch das Gesetz erhöhte Kos-

den gewählt: Das Land wollte einen politischen Konflikt befrieden und ggf. im Nachhinein „heilen". Die kommunalen Spitzenverbände erstrebten eine unverzügliche Finanzausstattung der Kommunen bei der Umsetzung der Inklusion. Eine verfassungsgerichtliche Klärung ist hinsichtlich ihres Ausganges mit Unsicherheiten behaftet und würde im Falle des Obsiegens der Kommunen einen langwierigen Prozess der Erstellung einer Kostenfolgeabschätzung durch das Land und zu einem erst nach Jahren eintretenden Belastungsausgleich führen. Dabei war eine Beschreitung dieses „pragmatischen" Weges für die kommunalen Spitzenverbände nicht ungefährlich: Im Rahmen der kommunalen Verfassungsbeschwerde wegen Verletzung der kommunalen Selbstverwaltung durch die Nichtbeachtung des Konnexitätsprinzips sind nur die Kommunen beschwerdebefugt, nicht aber die Spitzenverbände.

Auch können die Spitzenverbände ihre Mitgliedskommunen durch eigene Zugeständnisse beim Umgang mit dem Konnexitätsprinzip nicht verpflichten, sondern können diesen gegenüber lediglich Empfehlungen aussprechen. An der Überzeugungskraft des ausgehandelten Kompromisses hängt also die Bereitschaft einzelner Kommunen, auf eine verfassungsgerichtliche Überprüfung zu verzichten bzw. eine Überprüfung anzustreben. Ein derartiges „Auseinanderlaufen" von Spitzenverband und Mitgliedschaft sollte aber tunlichst vermieden werden.

In der Folgezeit haben 52 nordrhein-westfälische Städte und Gemeinden eine kommunale Verfassungsbeschwerde gegen das 9. SchRÄG erhoben. Die Frage ist, ob die geschilderte „Konnexität im Nachhinein" den verfassungsrechtlichen Vorgaben zu entsprechen vermag. Ein Blick auf den Wortlaut des Art. 78 Abs. 3 („gleichzeitig") sowie auf den Normzweck verdeutlichen schnell, dass eine derartige „nachgelagerte" Konnexität nicht der Verfassung entspricht. Insbesondere die Disziplinierungsfunktion des Konnexitätsprinzips kann nicht greifen, wenn sich der aufga-

---

ten bei den Kommunen entstehen können, und auch die Konnexitätsrelevanz anerkannt. Es wurde aber keine Kostenfolgeabschätzung vorgenommen noch ein Belastungsausgleich vorgesehen. In § 21 Abs. 4 Nr. 5 TVgG wird die Landesregierung aber zum Erlass einer Rechtsverordnung über eine Kostenausführungsregelung ermächtigt. Von dieser Verordnungsermächtigung hat die Landesregierung bislang keinen Gebrauch gemacht. Ursache ist dafür u.a., dass das Finanzministerium, anders als das Wirtschaftsministerium, nicht von einem unstreitig bestehenden Anspruch auf Ausgleich der Konnexitätsfolgen ausgeht; es will dieses mittels eines Gutachtens prüfen lassen.

benübertragende Gesetzgeber nicht im Vorhinein Rechenschaft über die mit der Aufgabenerweiterung verbundenen Kosten ablegt.

Haushaltsengpässe und finanzielle Restriktionen führen bisweilen auch zu kreativen Lösungen. Eine solche Kreativität ist sinnvoll und hilfreich, wenn sie dazu beiträgt, zusätzliche Einnahmen zu generieren oder Ausgaben zu senken. Problematisch ist es aber, wenn sich die Kreativität darauf bezieht, verfassungsrechtliche Schutz- und Disziplinierungsvorgaben, die im Interesse der Einhaltung von Budget- und Schuldenbremse die Aufgaben- und Ausgabenverantwortung zusammenführen, zu umgehen.

Abschließend: Das „strikte“ Konnexitätsprinzip kann nur so „strikt“ sein, wie es von den beteiligten Akteuren auch „strikt“ befolgt wird. Ein zu kreativer Umgang hat schlussendlich in NRW den Verfassungsgerichtshof auf den Plan gerufen. Dessen Entscheidung bleibt abzuwarten.

Der VerfGH NRW (VerfGH 8/15) hat mit dem Urteil vom 10.01.2017 die Kommunalverfassungsbeschwerde als unzulässig verworfen. Die Beschwerde habe sich allein gegen das 9. SchRÄG als aufgabenübertragendes Gesetz, nicht aber gegen das Inklusionsförderungsgesetz gerichtet. Dieses sei als eine „gleichzeitige“ Belastungsausgleichsregelung zu bewerten, denn es sei zeitgleich mit dem 9. SchRÄG in Kraft getreten. Die Verfassungsbeschwerde habe insoweit nicht den richtigen Anknüpfungspunkt gehabt. Es bleibt abzuwarten, wie diese Auslegung des Konnexitätsprinzips durch den VerfGH NRW in der Fachliteratur kommentiert wird. [39]

Es widerstrebt einem, im Zusammenhang mit Menschenrechten über Geld und Finanzierung zu reden. Tut man es, wird einem vorgeworfen, Menschenrechte mit „kleiner Münze“ handeln zu wollen. Tut man es aber nicht, gefährdet man die Umsetzung dieser Menschenrechte oder gelangt zu einer Umsetzung nach kommunaler Kassenlage. Das bedeutet, man muss Ersteres aushalten um am Ende des Tages zu einer gelingenden Inklusion zu gelangen, die das Wohl des Einzelnen, keine Ideologie in den Vordergrund stellt. Lackmustest für eine erfolgreiche Inklusion ist die Zahl der Menschen mit Behinderung, die wir im Verlauf der kommenden Dekaden im Sozialraum und auf dem ersten Arbeitsmarkt antreffen werden. Bei dieser Aufgabe müssen die für schulische Bildung Verantwortlichen (Länder und Kommunen) sowie die Rehabilitationsträger und Integrationsämter des SGB IX Hand in Hand zusammenarbeiten.

---

39 Vgl. Höfling/Engels, Inklusion (Fn. 3), S. 8: „Die zwingenden Vorgaben des Verfassungsrechts lassen sich jedenfalls nicht im Wege politischer „Kompromiss“-Suche relativieren.“

Inklusive Schulentwicklung als Herausforderung für die europäischen Länder – ein deutscher Blick aus europäischer Perspektive

Birgid Oertel

Die European Agency for Special Needs and Inclusive Education (Europäische Agentur für sonderpädagogische Förderung und inklusive Bildung

Die European Agency for Special Needs and Inclusive Education (Europäische Agentur für sonderpädagogische Förderung und inklusive Bildung – kurz: Agency) ist eine unabhängige Organisation, die als Plattform für die Zusammenarbeit ihrer 29 Mitgliedsländer in der sonderpädagogischen Förderung und inklusiven Bildung dient. Sie wird von den Bildungsministerien ihrer Mitgliedsstaaten unterhalten und vom Europäischen Parlament als einzige Plattform dieser Art auf europäischer Ebene finanziell unterstützt. Durch mehrjährige Arbeitsprogramme und länderübergreifende thematische Projekte unterstützt die Agency ihre Mitgliedsstaaten bei Entwicklungen in der Bildungspolitik, indem sie Forschung, Praxiserfahrung und Politik auf europäischer Ebene kombiniert, Leitlinien entwickelt und Informationen zur Verfügung stellt. Das Ziel ist eine Optimierung bildungspolitischer Strategien und Praxis im Hinblick auf Lernende mit Behinderungen und sonderpädagogischem Förderbedarf.

Dadurch wird eine Qualitätsverbesserung im Bereich der sonderpädagogischen Förderung avanciert und der Rahmen für eine intensive europäische Zusammenarbeit geschaffen.

Weitere Aufgaben bestehen unter anderem im Zusammentragen und in der Analyse von Informationen, der Unterstützung von Informations- und Erfahrungsaustausch zwischen den Mitgliedsländern, in der Zusammenarbeit mit europäischen Einrichtungen und internationalen Organisationen, in der Analyse und Aufbereitung politischer Entwicklungen der Länder, in der Organisation von Konferenzen, Seminaren und politischen Veranstaltungen und in der Informationsverbreitung.

Mitgliedsländer sind:
Belgien (Flämische und Französische Gemeinschaft), Dänemark, Deutschland, Estland, Finnland, Frankreich, Griechenland, Irland, Island, Italien, Kroatien, Lettland, Litauen, Luxemburg, Malta, Niederlande, Norwegen, Österreich, Polen, Portugal, Schweden, Schweiz, Slowakei, Slowenien, Spanien, Tschechische Republik, Ungarn, Vereinigtes Königreich (England, Nordirland, Schottland und Wales) und Zypern.

Projekte der EA

Nahezu alle europäischen Länder haben die UN-Behindertenrechtskonvention unterzeichnet und sind aktuell auf dem Weg diese umzusetzen. Dabei geht es nicht nur um die Umsetzung von § 24 der Konvention mit dem Schwerpunkt Schule, sondern auch um die Gleichstellung von Menschen mit und ohne Behinderung in allen gesellschaftlichen Bereichen.

Der Schwerpunkt der Arbeit und der Projekte der European Agency liegt auf der inklusiven Bildung im weitesten Sinne, d.h. dem Umgang mit der Diversität der Lernenden in der frühen Bildung, in allen Schulformen und in der beruflichen Bildung.

Übergeordnetes Ziel ist dabei immer die Frage, wie die Leistungen aller Lernenden auf allen Stufen des inklusiven lebenslangen Lernens verbessert werden können, um die aktive Teilhabe aller, auch der Menschen mit Beeinträchtigungen bzw. Behinderungen, in der Gesellschaft zu ermöglichen.

Die Projekte der Agency ermöglichen den teilnehmenden Experten einen regelmäßigen Austausch über die ländertypischen Entwicklungen und geben einen Überblick über die Vielfalt inklusiver Systeme. Jedes europäische Land hat inklusive Bildung anders organisiert; dabei ist aber auch die Ausgangssituation völlig verschieden. Ein Blick auf die unten stehende Tabelle zeigt z. B. Italien mit der niedrigsten Förderschulquote aller europäischen Länder. Förderschulen gibt es dort seit mehr als 30 Jahren nicht mehr.

EURYDICE/ Agency: Schlüsselzahlen der Bildung – Erstellen der Erhebung für den Bereich sonderpädagogische Förderung in Deutschland 2011

Aber unabhängig davon, wie niedrig die Quote der Schülerinnen und Schüler mit Förderbedarf ist:
Alle Länder haben Lernende mit Unterstützungsbedarf. Anliegen der Agency-Projekte ist es Faktoren zu ermitteln und aufzuzeigen, die zur qualitativen Entwicklung und Verbreitung der inklusiven Bildung in den Ländern unausweichlich sind durch:

- die Ermittlung von Fortschritten,
- die Ermittlung von Barrieren, die solchen Fortschritten im Wege stehen
- sowie die aktive Beobachtung und Auswertung entsprechender politischer Strategien und
- Maßnahmen in den Ländern, die die Entwicklung nachhaltiger und tatsächlich inklusiver Bildungssysteme unterstützen.

Einige Projekte werden im Folgenden kurz dargestellt. Informationen zu allen Agency Projekten unter https://www.european-agency.org/agency-projects

I. Organisation von Förderangeboten zur Unterstützung inklusiver Schulbildung (Organisation of Provision)

Das Projekt wurde von 2011-2014 durchgeführt unter der Fragestellung:
Wie sind (kommunale) Fördersysteme organisiert, um in einem heterogenen Kontext im Pflichtschulbereich den Bedürfnissen von Schülerinnen und Schülern mit Behinderungen gerecht zu werden?

Um den aktuellen Status der Entwicklung in den europäischen Ländern in Erfahrung zu bringen, wurden die Länder gebeten, zu folgenden Schwerpunkten Stellungnahmen abzugeben und Entwicklungen aufzuzeigen:

- Länderspezifische Definition von inklusiver Bildung,
- Erfüllung der UN Konvention bezüglich der Rechte von Personen mit Behinderungen,
- Gesetzlicher Hintergrund und Finanzierung,

- Fördersysteme, bereichsübergreifende Dienste, speziell geschaffene Schulen und Rahmenbedingungen

An fünf Projekten in fünf verschiedenen europäischen Ländern wurden im Anschluss unterschiedliche Entwicklungsschwerpunkte aufgezeigt und evaluiert.

In Essunga in (*Schweden*) lag der Fokus darauf, wie die Stärkung der Kapazitäten der allgemeinen Schulen umgesetzt wird. Der Fokus der Partnerregion Wien in (*Österreich*) lag im Bereich des gemeinschaftlichen Qualitätsmanagements. In Flensburg (*Deutschland*) standen die Zusammenarbeit und Vernetzung innerhalb der Schullandschaft und der städtischen Einrichtungen bezüglich der Unterstützung von Schülerinnen und Schülern mit Behinderungen im Vordergrund. In Ljubljana (*Slowenien*) wurde die Rolle von Sonderschulen bei der Unterstützung der allgemeinen Schulen untersucht und in Valetta (*Malta*) galt es, die klasseninterne Unterstützung und die Rolle der verschiedenen Akteure in Schulen und Gemeinschaften zu beobachten.

Alle Projektergebnisse sind veröffentlicht unter https://www.european-agency.org/agency-projects/organisation-of-provision

II. Raising Achievement for all Learners in Inclusive Education (Steigerung der Bildungsqualität für alle Lernenden im inklusiven Unterricht)

Im Fokus dieses Projektes, das 2012 begann, stehen folgende Fragen:

Welche pädagogischen Strategien und Lehransätze sind geeignet, das Lernen *aller* Schülerinnen und Schülern zu steigern? Und wie können die Verantwortlichen in der Schule Einfluss nehmen auf

- die Entwicklung, Einführung und Überwachung eines Prozesses zur Steigerung der Bildungsqualität für alle Lernenden im inklusiven Unterricht,
- die Teilnahme von Schülern und Eltern am Lernprozess,
- die Messbarkeit des Erfolgs und Analyse für die spätere Entwicklung

Ein Schulverbund in Lajsiki (*Polen*), eine berufsbildende Einrichtung in Rom (*Italien*)und die Calderglen Learning Community in Kilbride (*Schottland*) erklärten sich bereit, die Zusammenstellung, Implementierung und Begleitung von Maßnahmen zu dokumentieren und zu evaluieren, die der Heterogenität der Lernenden in den Schulen durch folgende Punkte fördert:

- Nachhaltigkeit in der Schulentwicklung,
- Verbesserung der Leistungsfähigkeit der Mitarbeiter/innen,
- Entwicklung curricularer und pädagogischer Konzepte, die Lernmotivation und Engagement der Lernenden fördern,
- aktive Einbeziehung der Lernenden in Förderplanung, Lernprozessgestaltung,
- Entwicklung und Erprobung verschiedener Modelle zur Zusammenarbeit mit Eltern, Sozialdiensten, Therapeuten, kommunalen Trägern, Behörden.

Informationen zum Projekt unter https://www.european-agency.org/agency-projects/ra4al

III. European Agency Statistics on Inclusive Education (EASIE)

Dieses Projekt ist als Folgeprojekt von MIPIE - Entwicklung von Datengrundlagen zur Implementierung inklusiver Bildung entstanden und hat, unter Einbindung verschiedener länderspezifischer und europäischer Institutionen, die Entwicklung von Grundlagen zur Vergleichbarkeit von Daten zur sonderpädagogischen und inklusiven Beschulung in den europäischen Ländern zum Ziel.

Eine interaktive Webseite mit Länderinformationen und Daten befindet sich im Aufbau.

IV. Inklusive Lehrerbildung

Wie lernt ein Lehrer, eine Lehrerin, die Diversität aller Lernenden als Ressource und Bereicherung für die Bildung wahrzunehmen und nicht als Hindernis oder gar Bedrohung zu empfinden?

Was muss ein Lehrer, eine Lehrerin können, um das Lernpotenzial der Schülerinnen und Schüler nicht nur im akademischen, sondern auch im sozialen, emotionalen und praktischen Bereich zu entdecken und zu fördern?

Die European Agency hat sich dieser Materie angenommen und in einem dreijährigen Projekt unter anderem untersucht, wie Studierende in ihrer Ausbildung als „inklusive Lehrkraft“ vorbereitet werden können (vgl. Europäische Agentur für Entwicklungen in der sonderpädagogischen Förderung, 2011).

Als wesentliche Voraussetzungen für alle, die in den Lehrerberuf einsteigen, ermittelten die am Projekt teilnehmenden Experten notwendige und wünschenswerte Lehrerkompetenzen, die im Profil für inklusive Lehrerinnen und Lehrer beschrieben werden und sich aus den Elementen zu erwerbende Einstellungen, zu erwerbendes Wissen und zu erwerbende Fähigkeiten zusammensetzen.

Das Profil definiert auf dieser Grundlage vier zentrale Werte, die für einen gelingenden Inklusionsprozess als evident erachtet werden:

- Wertschätzung der Diversität der Lernenden:
  - Unterschiede bei den Lernenden werden als Ressource und Bereicherung für die Bildung wahrgenommen.
- Unterstützung aller Lernenden:
  - Lehrkräfte haben hohe Erwartungen an die Leistungen aller Lernenden.
- Zusammenarbeit mit anderen:
  - Kooperation und Teamarbeit sind von zentraler Bedeutung für alle Lehrerinnen und Lehrer.
- Persönliche berufliche Weiterentwicklung:
  - Unterrichten ist eine Lerntätigkeit und die Lehrkräfte übernehmen Verantwortung für ihr lebenslanges Lernen. (vgl. Europäische Agentur für Entwicklungen in der sonderpädagogischen Förderung, 2012,S. 13 ff).

Das dreijährige Projekt startete im April 2009 mit Wissenschaftlern und Bildungsexperten aus 25 europäischen Ländern. In Studienbesuchen, Workshops und Konferenzen trugen sie Informationen über die unterschiedlichen Ausbildungssysteme zusammen, werteten sie aus und dokumentierten zahlreiche „Best Practice Beispiele“ im Projektband „Inklusionsorientierte Lehrerbildung in Europa“, der 2011 publiziert wurde. Dabei wurde deutlich, dass zur Umsetzung inklusiver Bildung neben systematischer und geplanter Schulentwicklung eine zielgerichtete Personalentwicklung notwendig ist, um den Anforderungen eines sich stetig weiterentwickelnden Schulsystems mit all seinen Veränderungen gerecht zu werden. Ergebnisse des Projektes gingen in die von der UNESCO unterstützte Studie „Empowering Teacher to Promote Inclusive Education“ ein und in Beispiele auf der interaktiven Seite des Netzwerks „Inclusive Education in Action“. Informationen zum Projekt unter

https://www.european-agency.org/agency-projects/Teacher-Education-for-Inclusion
http://www.inclusive-education-in-action.org/
https://www.european-agency.org/news/empowering-teachers-a-project-undertaken-by-the-agency-on-behalf-of-unesco

V. Inclusive Early Childhood Education Project

Das European Agency Projekt befasst sich mit der Frage, wie verschiedene europäische Länder den Zugang zu und die Ausgestaltung von früher Bildung für alle Kinder mit und ohne Beeinträchtigungen organisieren.

In 8 Ländern finden derzeit Studienbesuche statt, in *Island, Finnland, Portugal, Slowenien, Spanien, UK, Wales, Irland* und *Deutschland.* Im Vordergrund der Studienbesuche stehen Fragen zu:

- dem Zugang zu und der Ausgestaltung von früher Bildung für alle Kinder, mit und ohne Behinderung und/oder Beeinträchtigungen in der KITA,
- der Organisation des Systems,
- dem Einsatz, der Ausbildung und Weiterbildung des betreuenden Personals,
- der Zusammenarbeit mit externen Mitarbeitern, Therapeuten, Gesundheits- und Sozialwesen,
- dem Curriculum bezüglich aller Aspekte der Entwicklung des Kindes(kognitive, soziale, emotionale und physische),
- zur Evaluation, Steuerung und Finanzierung,
- zur Elternarbeit.

Informationen zum Projekt: https://www.european-agency.org/agency-projects/inclusive-early-childhood-education

VI. Hearing: Inclusive Education Take Action! Luxembourg Recommendations

Bereits zum vierten Mal organisierte die European Agency (nach 2003, 2007 und 2011) ein Hearing, zu dem 72 Jugendliche mit und ohne Behinderungen aus 28 europäischen Ländern eingeladen wurden, um über ihre

Fragen, Wünsche und Erwartungen an inklusive Bildung und Erziehung zu diskutieren.

Das Hearing fand vom 15.- 16. Oktober 2015 im Rahmen der Luxemburger Ratspräsidentschaft im European Convention Center in Luxemburg statt und hatte den Titel:
„Inclusive Education: Take Action!“ (Inklusive Bildung und Erziehung: Handle!)

Zur deutschen Delegation gehörten je zwei Schülerinnen und Schüler mit und ohne Behinderung aus Sachsen–Anhalt und dem Saarland. Gemeinsam mit Lehrerinnen, Lehrern und Mitschülern bereiteten sich die Schüler ab August auf dieses Ereignis vor. In ihren Klassen diskutierten sie die Fragen:
Wie können Schulen inklusiver werden? Wie können bestehende Barrieren in der Schule überwunden werden, damit Inklusion allen Schülern nutzt? Welche Verbesserungen und Veränderungen gab es in den letzten Jahren? Außerdem zeigten sie Beispiele auf, wie sich Barrierefreiheit, Unterstützungssysteme, individuelle Hilfen, Beratung und auch Einstellungen von Lehrenden und Lernenden zu ändern beginnen oder noch der Veränderung bedürfen.

In Luxemburg hatten die jungen Delegierten an zwei Tagen die Gelegenheit, sich in länderübergreifenden Arbeitsgruppen auszutauschen und über ihre Erfahrungen, Wünsche und Vorstellungen zu sprechen. Sprachliche Unterstützung erhielten sie dabei durch Dolmetscher aus allen europäischen Ländern sowie durch Gebärden- und Schriftdolmetscher. In sehr offenen Diskussionen schilderten die Jugendlichen ihren Alltag, tauschten sich aus über erlebte Stärken und Schwächen in ihren jeweiligen Lebenssituationen und formulierten schließlich gemeinsam Eckpunkte, die sie anschließend dem luxemburgischen Bildungsminister Claude Meisch und den anwesenden Mitgliedern verschiedener europäischer Organisationen im Plenum vortrugen. Diese Botschaften wurden nun als Luxembourg Recommendations (Luxemburger Empfehlungen) zusammengefasst und am 23. November 2015 im Rahmen einer Zusammenkunft der europäischen Bildungsminister vorgestellt.

Eindrücke vom Hearing und eine Zusammenfassung der Luxemburger Empfehlungen unter: https://www.youtube.com/watch?v=qQllwPMqxk0

Und auf der Homepage der European Agency: https://www.european-agency.org/events/takeaction

Entwicklung in Europa

Im Rahmen all dieser Projekte wird deutlich, wie unterschiedlich die europäischen Länder inklusive Schulentwicklung umsetzen, wie Gesetzgebung und gesellschaftliches Miteinander differieren.

1. So bezieht beispielsweise *das schwedische Schulsystem* die gesamte schulische Bildung ein, von der Vorschule bis zur Erwachsenenbildung. Regulierungen, die vorher in verschiedenen Gesetzen festgeschrieben waren, sind nun im „New Education Act - for knowlegde, choise and security„ (Juli 2011) zusammengefasst. Dieses Gesetz zeichnet sich durch eine einfache Struktur und Regeln aus, die für alle Schulformen und Arten der Beschulung gültig sind und darauf fußen, dass die Rechte aller Schüler auf der Basis der UN- Konvention umgesetzt werden müssen. Alle am Bildungsprozess beteiligten Personen und Institutionen, zu denen auch ergänzende schulische Einrichtungen, wie der schulische Gesundheits-/ Fürsorgedienst mit Arzt, Krankenpfleger, Psychologen, Sozialarbeiter usw. gehören, sind aufgefordert, eine systematische und kontinuierliche Planung, Evaluierung und Entwicklung der Bildungs- und Erziehungsdienste zu gewährleisten. Sonderpädagogischem Förderbedarf wird in allen Bildungseinrichtungen Rechnung getragen durch Förderplanung, Gruppenzusammensetzung, Materialauswahl, usw... Dabei wird auf eine effektive Zusammenarbeit aller am Förder- und Bildungsprozess beteiligten Menschen Wert gelegt, insbesondere unter Berücksichtigung der Eltern und der Lernenden selbst.
2. Auch das Schulsystem in *Island* basiert auf dem Grundsatz der inklusiven Bildung– Education for All. Lernende mit und ohne Behinderung besuchen die gleichen Schulen. Colleges und Universitäten erhalten die für sie notwendige und in den Schulgesetzen festgeschriebene Unterstützung. *Allen* Lernenden wird das Recht eingeräumt, besondere Hilfen in Anspruch zu nehmen, wenn dies von Eltern, Lehrern und Therapeuten als angemessen und notwendig angesehen wird. Im Schulgesetz wird die sonderpädagogische Förderung definiert als Unterricht, der sich zum Regelunterricht in den Lernzielen, den Inhalten, den Unterrichtssettings und Methoden unterscheidet. Der Zeitraum, in dem sonderpädagogische Förderung für Lernende notwendig wird, hängt von den Bedürfnissen des Einzelnen ab und wird als eine kontinuierlich fortgesetzte, erweiterte Form des Unterrichtens gesehen.

3. Zum Beginn der Umsetzungsphase des neuen Gesetzes zur besonderen Förderung und Inklusion in *Dänemark* richtete das dänische Ministerium für Kinder und Bildung eine Task Force ein, um die Gemeinden bei der Ausarbeitung von Rahmenplänen, Strategien und Hilfsmitteln zur Steigerung der Inklusion an Schulen und im kommunalen Bereich zu unterstützen. Eine weitere neue Initiative ist die Einrichtung eines Förderzentrums für Inklusion und sonderpädagogische Förderung, das Informationen über Berichte und Ergebnisse liefert und neue Forschungs- und Entwicklungsmaßnahmen auf diesem Gebiet einleiten soll. Festgeschriebenes Ziel der dänischen Gesetzgebung ist es, bis 2015 mindestens 96 % aller Schülerinnen und Schüler in Regelschulen zu unterrichten.
4. In *Norwegen* werden seit 1975 alle Kinder mit und ohne Behinderung in das Kindergarten- und Regelschulsystem des Wohnortes integriert.
   Im Kindergarten Act (2005) und im Education Act (1999) werden die zuständigen Behörden verpflichtet, Kinder mit Beeinträchtigungen so früh wie möglich individuell zu unterstützen.
   Die Unterstützung erfolgt durch regionale pädagogisch-psychologische Beratungszentren (PPS) und ergänzend durch fünf überregionale „special needs“ Beratungs- und Förderzentren (Statped), die Assessment und Beratung für die verschiedenen Förderschwerpunkte gewährleisten. Oft wird eine Vernetzung mit den Kliniken bzw. Universitäten organisiert, um Erfahrungen zu dokumentieren, bzw. zusätzliche Informationen zum individuellen Bedarf für das einzelne Kind zu erreichen.
   Norwegen erkennt die Gebärdensprache als Muttersprache an (es gibt eine Privatschule für Gehörlose) und Fremdsprachenunterricht mit entsprechenden Gebärden in allen pädagogischen Einrichtungen.
5. *Italien* gewährleistet seit 1971 den Zugang behinderter und nichtbehinderter Lernender zu gemeinsamer schulischer Bildung, das Schulgesetz von 2012 definiert eine umfassende, wohnortnahe inklusive Bildung in allen Schulformen, symbolisch: Alle unter einem Schirm -Bisogni educativi speciali.
   Verschiedene Voraussetzungen für eine gelingende schulische Bildung wurden geschaffen:
   Schulen müssen Barrierefreiheit herstellen, wenn sie Lernende mit entsprechenden Beeinträchtigungen aufnehmen.
   Die Diagnostik wird durch Therapeuten/ Ärzte der Gesundheitsämter festgestellt, die den zu erwartenden Förderbedarf bestimmen und die anstehenden Maßnahmen mit den Eltern besprechen und festlegen.

Lernende erhalten neben einer umfassenden Diagnose einen individuellen Förderplan.
In inklusiven Klassen werden max. 20 Schülerinnen und Schüler unterrichtet, davon 1-2 mit Beeinträchtigungen. Diese Klassen werden durch Förderschullehrerinnen und Förderschullehrern unterstützt, die in Doppelbesetzung mitarbeiten. Und: Seit dem Schuljahr 2013/14 sind alle Schulen verpflichtet, einen jährlich zu überarbeitenden inklusiven Schulentwicklungsplan vorzuhalten.

6. Aber auch die Entwicklungen in den deutschen Bundesländern zeigen eine Öffnung der Systeme hin zu mehr inklusiver Beschulung. Vorreiter ist hier *Schleswig-Holstein*, das bereits in den 1980er Jahren die Sonderschule für sehbehinderte Schüler als ein Förderzentrum (heute bekannt als das Landesförderzentrum Sehen, Schleswig – LFS) als eine „Schule ohne Schüler“ einrichtete und damit ermöglichte, dass alle blinden und sehbehinderte Schülerinnen und Schüler an Regelschulen unterrichtet wurden. Die spezialisierten Lehrkräfte des Förderzentrums für Sehbehinderte veränderten den Förderauftrag von der Betreuung in separaten Settings hin zur Förderung, Beratung und Unterstützung von Schülerinnen, Schülern und ihren Eltern sowie ihren Lehrkräften in den Regelschulen. Die Kompetenzen der Sprachheilschule wurden zur Frühförderung an die Kindergärten verlagert. Alle Förderschulen wurden zu Beratungs- und Förderzentren umgewandelt mit dem Auftrag inklusive Bildung zu organisieren und zu begleiten. Dieser Prozess wurde durch die Schulgesetzgebung gestützt. Bereits im Schuljahr 2014/15 konnten zwei Drittel aller Schülerinnen und Schüler mit festgestelltem sonderpädagogischen Förderbedarf inklusiv beschult werden. Die Anzahl der Schülerinnen und Schüler mit Behinderungen und Beeinträchtigungen in sonderpädagogischen Einrichtungen ist an den Förderschulen immer weiter gesunken (im Lernhilfebereich um 80 %).
7. (Siehe: https://www.schleswig-holstein.de/DE/Fachinhalte/I/inklusion_schulische/Downloads/Inklusion_Arbeitspapier.pdf?__blob=publicationFile&v=1)
8. *Hessen* setzt neben der Einrichtung der „Modellregionen inklusive Bildung“, deren Ziel, ähnlich wie in Schleswig-Holstein, die Reduzierung der Förderschulen ist, auf „inklusive Schulbündnisse“, die eine Kooperation verschiedener allgemeiner Schulen, der Förderschulen sowie regionaler und überregionaler Beratungs- und Förderzentren (BFZ) in einer bestimmten Region sind. Innerhalb dieser Schulbündnisse soll verlässlich vereinbart werden, wie Schülerinnen und Schüler durch

vorbeugende Maßnahmen in den Regelschulen unterstützt werden und Lernende, die einer sonderpädagogischen Förderung bedürfen, von der 1. Klasse an bis zum Erreichen des bestmöglichen Schulabschlusses beschult werden können – sei es an Förderschulen oder im inklusiven System. Die Einbindung regionaler und überregionaler BFZ und die Kooperation mit Schulträgern, Jugend- und Sozialhilfe, Vereinen, Kindertagesstätten oder außerschulischen Partnern stehen im Vordergrund und haben dabei eine herausragende Stellung. (siehe: https://kultusministerium.hessen.de/presse/pressemitteilung/hessen-startet-inklusive-schulbuendnisse)

9. In *Thüringen* wurde im November 2011 der Beirat „Inklusive Bildung" ins Leben gerufen und ein Maßnahmenplan zur Umsetzung der UN-BRK beschlossen. Das erste Thüringer Themenjahr Bildung „Gemeinsam leben - Miteinander lernen" wurde im März 2013 unter der Schirmherrschaft der Deutschen UNESCO-Kommission e.V. eröffnet. 2013 wurde der „Thüringer Entwicklungsplan zur Umsetzung der UN-Konvention für die Rechte von Menschen mit Behinderungen im Bereich des Bildungswesens" verabschiedet, der neben den regionalen Entwicklungsstrategien eine Vielzahl von Maßnahmen und Grundsatzaufgaben umfasst, die neben der schulischen Bildung auch frühkindliche und beruflich Bildung einbeziehen. (siehe: https://www.thueringen.de/th2/tmbjs/bildung/inklusion/)
10. *Bremen* hat sich seit Inkrafttreten des neuen Schulgesetzes 2009 auf den Weg der inklusiven Beschulung begeben.
    Inklusion im Bereich Bildung beschränkt sich hier nicht nur auf die gemeinsame Beschulung von Kindern und Jugendlichen mit und ohne Behinderung, sondern auf die individuelle Förderung aller Schülerinnen und Schüler – angefangen von der Einschränkung im kognitiven Bereich bis hin zur Hochbegabung, unbeachtet der Weltanschauung, Religion oder sozialer und kultureller Herkunft. Dies gelang durch umfangreiche Maßnahmen zur Schulentwicklung wie der Reform zur Oberschulentwicklung, der Entwicklung zu Ganztagsschulen, der Neuausrichtung der Grundschulen und der Gymnasien. Begleitet werden die Maßnahmen durch Zentren für unterstützende Pädagogik, die sowohl die Umsetzung des inklusiven Unterrichtens in den Regelschulen unterstützen, als auch den Erhalt der Fachlichkeit für die allumfassende Förderung und den fachgerechten Einsatz der benötigten Ressourcen sichern. Ergänzt werden die Maßnahmen durch Regionale Beratungs-

und Unterstützungszentren. (siehe https://www.bildung.bremen.de/inklusion-4417)

A. Fazit

Wenn „Bildung", wie es das Lehrerprofil der Agency formuliert, „sich auf dem Glauben an Chancengleichheit, Menschenrechte und Demokratie für alle Lernenden gründet", dann ist „inklusive Bildung nicht verhandelbar" und muss einhergehen mit qualitativ hochwertigem Unterricht und der Kenntnis „theoretischer und praktischer Konzepte und Prinzipien, die die inklusive Bildung im globalen und lokalen Kontext untermauern". (vgl. Europäische Agentur, 2012, S. 13 ff)

Die Projekte der European Agency for Special Needs and Inclusive Education tragen dazu in allen europäischen Ländern auf vielfältige Weise bei.

Informationen zu den Projekten und Publikationen der European Agency for Development in Special Needs Education finden Sie unter http://www.european-agency.org/

Inklusion an Schulen in freier Trägerschaft: Verpflichtet die UN-Behindertenrechtskonvention Schulen in freier Trägerschaft zur inklusiven Beschulung?

Johanna Keller

Für die Frage, ob die UN-Behindertenkonvention (UN-BRK) auch Schulen in freier Trägerschaft zur inklusiven Beschulung verpflichtet, bedarf es einiger allgemeiner Bemerkungen, um die Tragweite dieser Frage deutlich zu machen. Das Übereinkommen über die Rechte von Menschen mit Behinderungen und mit ihm die Inklusion hat das deutsche Schulrecht und Bildungswesen seit dessen Inkrafttreten in Deutschland im März 2009 stark verändert.

Nach Art. 1 UN-BRK gelten für Menschen mit Behinderung die gleichen Menschenrechte und Grundfreiheiten wie für alle Menschen - ohne Ausnahme. Die UN-BRK hat somit keine neuen Menschenrechte geschaffen, sondern den uneingeschränkten Zugang zu den bisherigen universellen Menschenrechten für Menschen mit Behinderungen geschaffen. Dabei werden diese im Hinblick auf die spezifischen Lebenssituationen derer konkretisiert.[1]

Das Recht von Menschen mit Behinderung auf Bildung ist in Art. 24 geregelt. Maßgeblich dabei ist die inklusive Beschulung von allen Kindern und Jugendlichen. Angelehnt an Art. 26 der Allgemeinen Erklärung der Menschenrechte und Art. 28 der UN-Kinderrechtskonvention wird nun der gleiche und uneingeschränkte Zugang zu Bildung für Menschen mit Behinderungen gewährleistet. Unter Inklusion wird im Allgemeinen die umfassende Teilhabe jedes Einzelnen am gesellschaftlichen Leben, also auch an der allgemeinen Schulbildung, verstanden. Bestehen für Menschen mit langfristigen körperlichen, seelischen, geistigen oder Sinnesbeeinträchtigungen rechtliche oder tatsächliche Barrieren zur umfassenden Teilhabe an der Gesellschaft, so können diese Barrieren zu einer Behinderung führen. Ziel für das staatliche Handeln ist es, solche Barrieren abzubauen. Für

1 Trenk-Hinterberger, Die UN-Behindertenrechtskonvention in der Praxis, Essen/Marburg 2012, RN. 1.

die Schulen bedeutet das, dass der gemeinsame Unterricht mit Menschen mit Behinderung zum Regelfall wird. [2]

Artikel 24 UN-Behindertenrechtskonvention – Bildung

(1) *Die Vertragsstaaten anerkennen das Recht von Menschen mit Behinderungen auf Bildung. Um dieses Recht ohne Diskriminierung und auf der Grundlage der Chancengleichheit zu verwirklichen, gewährleisten die Vertragsstaaten ein integratives Bildungssystem auf allen Ebenen und lebenslanges Lernen mit dem Ziel, (...)*

(2) Bei der Verwirklichung dieses Rechts stellen die Vertragsstaaten sicher, dass

a. Menschen mit Behinderungen nicht aufgrund von Behinderung vom allgemeinen Bildungssystem ausgeschlossen werden und dass Kinder mit Behinderungen nicht aufgrund von Behinderung vom unentgeltlichen und obligatorischen Grundschulunterricht oder vom Besuch weiterführender Schulen ausgeschlossen werden;

b. Menschen mit Behinderungen gleichberechtigt mit anderen in der Gemeinschaft, in der sie leben, Zugang zu einem integrativen, hochwertigen und unentgeltlichen Unterricht an Grundschulen und weiterführenden Schulen haben;

c. (…)

d. Menschen mit Behinderungen innerhalb des allgemeinen Bildungssystems die notwendige Unterstützung geleistet wird, um ihre erfolgreiche Bildung zu erleichtern;

e. in Übereinstimmung mit dem Ziel der vollständigen Integration wirksame individuell angepasste Unterstützungsmaßnahmen in einem Umfeld, das die bestmögliche schulische und soziale Entwicklung gestattet, angeboten werden.

(3) Die Vertragsstaaten ermöglichen Menschen mit Behinderungen, lebenspraktische Fertigkeiten und soziale Kompetenzen zu erwerben, um ihre volle und gleichberechtigte Teilhabe an der Bildung und als Mitglieder der Gemeinschaft zu erleichtern. Zu diesem Zweck ergreifen die Vertragsstaaten geeignete Maßnahmen; unter anderem (…)

(4) Um zur Verwirklichung dieses Rechts beizutragen, treffen die Vertragsstaaten geeignete Maßnahmen zur Einstellung von Lehrkräften, einschließlich solcher mit Behinderungen, die in Gebärdensprache oder Brailleschrift ausgebildet sind, und zur Schulung von Fachkräften sowie Mitarbeitern und Mitarbeiterinnen auf allen Ebenen des Bildungswesens. Diese Schulung schließt die Schärfung des Bewusstseins für Behinderungen und die Verwendung geeigneter ergänzender und alternativer Formen, Mittel und Formate der Kommunikation sowie pädagogische Verfahren und Materialien zur Unterstützung von Menschen mit Behinderungen ein.

---

2 Rux/Niehues, Schulrecht, 5. Auflage, Karlsruhe/Tübingen 2013, RN. 112.

Zunächst ist zu klären, ob Art. 24 UN-BRK nur einen Teil des Schulwesens in seinen Regelungsinhalt einbezieht oder das gesamte Bildungswesen, also grundsätzlich auch die Unterrichtung an Schulen in freier Trägerschaft und – wenn dies der Fall ist – ob aus den Regelungen der UN-BRK unmittelbar eine Verpflichtung zur inklusiven Beschulung für diese Schulen folgt.

Dem Wortlaut nach unterscheidet Art. 24 UN-BRK nicht zwischen Schulen in staatlicher und freier Trägerschaft, sondern bezieht sich grundsätzlich auf das gesamte Bildungssystem. Gegenteilige Argumente oder Hinweise sind nicht ersichtlich. Danach ist das gesamte schulische Bildungssystem, einschließlich der Schulen in freier Trägerschaft in die Frage der Umsetzung von Inklusion im Bildungswesen einzubeziehen[3], dies bedeutet in der Folge aber noch nicht, dass Schulen in freier Trägerschaft damit auch verpflichtet sind, Kinder und Jugendliche inklusiv zu beschulen.

Aufgrund ihres Wesens als völkerrechtlicher Vertrag trat die innerstaatliche Bindungswirkung der Behindertenrechtskonvention (auch nach Inkrafttreten des Vertrages) wegen Art. 59 Abs. 2 GG erst mit Erlass eines besonderen Rechtsaktes in Form des Vertragsgesetzes ein. Aufgrund dieses Vertragsgesetzes, das am 26. März 2009 in Kraft trat,[4] erhielt die UN-BRK mangels anderweitiger verfassungsrechtlicher Bestimmung den Rang eines einfachen Bundesgesetzes.[5] Das bedeutet, dass mit Inkrafttreten von völkerrechtlichen Verträgen wie der UN-BRK zunächst nur der unterzeichnende Staat verpflichtet wird, einfachgesetzliche Regelungen zu schaffen, die die entsprechenden Regelungsinhalte aus den völkerrechtlichen Verträgen umsetzen. Mithin bestehen keine, unmittelbar auf die Konvention gestützten, individuellen Rechtsansprüche und somit ergibt sich eine Verpflichtung zur inklusiven Beschulung für Schulen in freier Trägerschaft nicht unmittelbar aus den Regelungen der UN-Behindertenrechtskonvention.

Eine Verpflichtung zur inklusiven Beschulung könnte sich jedoch aus den schulgesetzlichen Regelungen der Länder ergeben, da den Ländern aufgrund ihrer Kulturhoheit die Gesetzgebungs- und Verwaltungskompetenz im Schulbereich[6] und somit auch die Umsetzung der Regelungen des

3 Vgl. *Poscher/Langer* in: Poscher/Rux/Langer, Von der Integration zur Inklusion, Baden-Baden 2008, S. 20.

4 BGBl. 2008 II S. 1419

5 *Heun*, in: Dreier, GG-Kommentar, 2. Band, 3. Auflage, Tübingen 2015.

6 Avenarius, Schulrecht, 8. Auflage, Kronach 2010, TZ. 3.622.

Art. 24 UN-BRK zugewiesen ist. Für öffentliche bzw. Schulen in staatlicher Trägerschaft gilt mittlerweile der Grundsatz, Schülerinnen und Schüler inklusiv zu beschulen. So enthält mittlerweile jedes Schulgesetz der Länder Regelungen, die die Integration von behinderten Kindern und Jugendlichen in den Unterrichtsablauf an Regelschulen vorsehen, auch wenn diese in den meisten Ländern noch von der Bedingung der ausreichenden personellen, räumlichen und organisatorischen Kapazität abhängig gemacht wird.[7]

Für Schulen in freier Trägerschaft könnte dies ebenso verpflichtend gelten, da auch das Recht der Privatschulen im Wesentlichen dem Landesrecht zugeordnet werden muss.[8] Jedoch sind auch im Bereich des Landesrechts die in Art. 7 Abs. 4 und Abs. 5 GG normierte Privatschulfreiheit sowie andere Güter von Verfassungsrang zu beachten und in ihren konkreten Ausprägungen in eine Abwägung mit einzubeziehen. Für die Privatschulen kommen dazu insbesondere die Rechte aus Art. 7 Abs. 4 GG in Betracht, dessen Gründungs- und Gestaltungsfreiheit Folgendes gewährleistet:

- Das Recht zur Gestaltung des äußeren Schulbetriebs, d.h. die Organisation von Schule und Unterricht,
- das Recht zur Gestaltung des inneren Schulbetriebs, d.h. die Aufstellung von Lehrplänen, Lehrzielen, Lehrstoff, Lehrmethoden, Lehr- und Lernmittel,
- das Recht zur freien Schülerwahl und
- das Recht zur freien Lehrerwahl[9].

Diese Grundsätze und Rechte sind grundgesetzlich geschützt und dürfen somit nicht von vornherein durch Gesetze oder vertragliche Vereinbarungen ausgeschlossen werden, wonach sich für Schulen in freier Trägerschaft eine Autonomie der Gründung und Gestaltung ergibt.[10] Ein Eingriff in eine Ausprägung dieser Autonomie in Form der Vertragsfreiheit läge

---

7 Avenarius, Schulrecht, 8. Auflage, Kronach 2010, TZ. 3.631; vgl. Art. 2 I 2 BayEUG, § 54 III HSchG, § 20 VII SchulG NRW.

8 Vgl. KMK-Beschluss Nr. 484 aus dem August 1951, wonach sich die Länder zwar auf Grundsätze der Privatschulgesetzgebung einigen konnten, eine bedeutende Vereinheitlichung dieser jedoch unterblieb; Avenarius, Schulrecht, 8. Auflage, Kronach 2010, TZ. 15.2.

9 Vgl. BVerfGE 27, 195, 200 f.; Pieroth/Schlinck, Staatsrecht II, Rn. 726, 2011.

10 *Brosius-Gersdorf*, in Dreier: GG-Kommentar, 1. Band, 3. Auflage, Tübingen 2013, Art. 7, Rn. 104.

dann vor, wenn eine Schule in freier Trägerschaft durch Gesetz oder Vereinbarung dazu verpflichtet würde, Kinder und Jugendliche gegen ihren Willen aufzunehmen und entsprechende Schulverträge zu schließen. Zwar sind nach den Regelungen der UN-BRK alle Menschen unabhängig von Behinderungen gleichberechtigt zu behandeln, ein Ausschluss des Grundsatzes der Privatautonomie in Form der Vertragsfreiheit darf daraus allerdings nicht folgen.

Trotz des Hinweises auf die Landesgesetze in Art. 7 Abs. 4 S. 2 GG unterliegt die Privatschulfreiheit keinem Einschränkungsvorbehalt.[11] Schrankenlos gewährleistete Grundrechte, hier die Rechte aus Art. 7 GG, können durch konkurrierende Grund- oder Menschenrechte eingeschränkt werden. In Betracht für eine solche Einschränkung kommt zunächst das Gleichbehandlungsgebot bzw. das Benachteiligungsverbot aus Art. 3 GG.

> „Art. 3 GG
>
> (1) Alle Menschen sind vor dem Gesetz gleich.
> (2) *Männer und Frauen sind gleichberechtigt.* Der Staat fördert die tatsächliche Durchsetzung der Gleichberechtigung von Frauen und Männern und wirkt auf die Beseitigung bestehender Nachteile hin.
> (3) *Niemand darf wegen seines Geschlechtes, seiner Abstammung, seiner Rasse, seiner Sprache, seiner Heimat und Herkunft, seines Glaubens, seiner religiösen oder politischen Anschauungen benachteiligt oder bevorzugt werden.* Niemand darf wegen seiner Behinderung benachteiligt werden.“

Ob Art. 3 GG in einer Abwägung mit der Privatschulfreiheit überhaupt Berücksichtigung finden muss, ist zunächst davon abhängig, ob Privatschulen an die Wertungen des allgemeinen Gleichbehandlungsgebots bzw. Benachteiligungsverbots gebunden sind. Zwar werden Schulen in freier Trägerschaft privatrechtlich tätig, sodass die Grundrechte und mithin auch das Benachteiligungsverbot des Art. 3 Abs. 3 GG in dem Privatrechtsverhältnis zwischen der Schule in freier Trägerschaft einerseits und den Schülern, Eltern, sowie Lehrern andererseits keine unmittelbare Geltung genießen.[12]

Uneinigkeit besteht jedoch dahingehend, ob eine mittelbare Grundrechtsbindung der freien Schulen, und mithin auch eine Bindung an Art. 3

11 *Jarass*, in: Jarass/Pieroth, GG-Kommentar, 14. Auflage, München 2016; Müller, Das Recht der freien Schule nach dem Grundgesetz, Berlin 1982, S. 53 f.

12 *Brosius-Gersdorf*, in: Dreier: GG-Kommentar, 1. Band, 3. Auflage, Tübingen 2013, Art. 7, Rn. 104.

Abs. 3 GG, aufgrund der Maßgabe von Schutzplichten des Staates für die Grundrechte der beteiligten Schüler, Eltern und Lehrer besteht. Die Annahme einer solchen mittelbaren Bindung würde dazu führen, dass Privatschulen zur Umsetzung der Inklusion in Bezug auf das Diskriminierungsverbot aus Art. 3 Abs. 3 Grundgesetz verpflichtet wären.

Nach einer Ansicht[13] ist eine Bindung der Schulen in freier Trägerschaft an Art. 3 Abs. 3 Grundgesetz dann zu bejahen, wenn den Schülern nur ein begrenztes Angebot an staatlichen und freien Schulen zur Verfügung steht, so dass keine Ausweichmöglichkeiten auf andere, inklusiv beschulende Schulen existieren. Diese Ansicht beruft sich unter anderem darauf, dass das Bundesverfassungsgericht in seiner Fraport-Entscheidung für Wirtschaftsunternehmen feststellte, dass sich die unmittelbare Grundrechtsbindung der von öffentlicher Hand beherrschten Unternehmen zwar grundsätzlich von der nur (aufgrund von staatlichen Schutzpflichten) mittelbaren Grundrechtsbindung Privater und Privatunternehmen unterscheidet, diese mittelbare Bindung jedoch je nach Gewährleistungsinhalt und Fallgestaltung einer Grundrechtsbindung des Staates nahe- oder auch gleichkommen kann.[14] Ob sich diese Entscheidung jedoch allein aufgrund einer staatlichen Ersatzschulgenehmigung gem. Art. 7 IV S. 2 bis 4 GG auf Schulen in freier Trägerschaft übertragen lässt, ist fraglich.[15] Nach den Vertretern dieser Ansicht hätte der Staat die mit der Inklusion in Schulen in freier Trägerschaft verbundenen Kosten dann jedenfalls bei der Privatschulförderung zu berücksichtigen.[16]

Nach anderer Auffassung können Schulen in freier Trägerschaft mangels Grundrechtsverpflichtung gem. Art. 1 Abs. 3 GG[17] auf der Grundlage des Art. 3 GG nicht zu einer inklusiven Beschulung verpflichtet werden.[18] Dazu berufen sich die Vertreter dieser Ansicht auf den Grundsatz der Privatautonomie sowie deren Ausprägungen der Schülerwahlfreiheit und Ver-

---

13 vgl. *Brosius-Gersdorf*, in: Dreier: GG-Kommentar, 1. Band, 3. Auflage, Tübingen 2013, Art. 7, Rn. 65.

14 BVerfG, NJW 2011, 1201, 1203 f.

15 Bejahend: *Brosius-Gersdorf*, in: Dreier: GG-Kommentar, 1. Band, 3. Auflage, Tübingen 2013, Art. 7, Rn. 67.

16 Vgl. *Brosius-Gersdorf*, in: Dreier: GG-Kommentar, 1. Band, 3. Auflage, Tübingen 2013, Art. 7, Rn. 108 ff..

17 *Stern*, in: Stern, Das Staatsrecht der Bundesrepublik Deutschland, Band IV/2, München 2011, S. 552.

18 Vgl. *Keller/Krampen*, Das Recht der Schulen in freier Trägerschaft, Baden-Baden 2014. S. 49.

tragsfreiheit, die im Bildungswesen der Schulen in freier Trägerschaft Anwendung fänden.[19] Zudem bestehe der verfassungsrechtlich relevante Einwand der in Art. 7 Abs. 4 GG festgelegten Gestaltungsfreiheit des inneren und äußeren Schulbetriebs, der auch die Gestaltung einer etwaigen inklusiven Beschulung umfasst. Die Frage dieser Gestaltungsfreiheit wird wegen der grundsätzlichen Geltung des Rechtes auf Gestaltung des inneren und äußeren Schulbetriebs gem. Art. 7 IV GG derzeit jedenfalls mittelbar nur an individuelles Verwaltungshandeln gebunden sein: Je nach staatlichem Genehmigungsbescheid der einzelnen Privatschule könnte sich künftig ein inklusiver Bildungs- und Erziehungsauftrag für die Schulen in freier Trägerschaft ergeben. Allerdings gilt selbst in diesem Fall der Grundsatz der Vertragsfreiheit, so dass zwar die Umsetzung der Inklusion an der einzelnen Schule, nicht jedoch die Verpflichtung zur Aufnahme eines bestimmten Schülers oder einer bestimmten Schülerin – jedenfalls im Rahmen von Art. 3 GG sowie Art. 2 KRK – auferlegt werden kann.

Jedoch ist auch nach dieser zweiten Ansicht die Verweigerung der Aufnahme eines Kindes aufgrund einer bestehenden Behinderung als rechtswidrig anzusehen. Ob die Rechtswidrigkeit der Ablehnung jedoch auf einer Anwendung des Art. 3 GG und des Art. 2 der Kinderrechtskonvention oder auf einem Verstoß gegen das wegen Art. 19 AGG im allgemeinen Zivilrechtsverkehr anwendbare Allgemeine Gleichbehandlungsgesetz beruht[20], bleibt dahingestellt.

Dem Diskriminierungsverbot des Art. 2 KRK könnte jedoch weiterhin Bedeutung als die Privatschulfreiheit einschränkendem Recht zukommen:

> „Artikel 2 UN-Kinderrechtskonvention – Achtung der Kindesrechte; Diskriminierungsverbot
>
> (1) Die Vertragsstaaten achten die in diesem Übereinkommen festgelegten Rechte und gewährleisten sie jedem ihrer Hoheitsgewalt unterstehenden Kind ohne jede Diskriminierung unabhängig von *der Rasse, der Hautfarbe, dem Geschlecht, der Sprache, der Religion, der politischen oder sonstigen Anschauung, der nationalen, ethnischen oder sozialen Herkunft, des Vermögens,* einer Behinderung, *der Geburt oder des sonstigen Status des Kindes, seiner Eltern oder seines Vormunds.*

---

19 Zur verfassungsrechtlichen Bedeutung der Vertragsfreiheit vgl. u.a. *Höfling*, Vertragsfreiheit – eine grundrechtsdogmatische Studie, Heidelberg 1991, S. 6; Bäuerle, Vertragsfreiheit und Grundgesetz, Baden-Baden 2001, S. 280.

20 Für eine Anwendung des Art. 2 I Nr. 7 AGG auf Privatschulverträge: *Wendtland*, in: Beck'scher Online-Kommentar BGB, Bamberger/Roth (Hrsg.), 40. Edition, Stand 01.08.2016, § 19 AGG Rn. 13.

> (2) Die Vertragsstaaten treffen alle geeigneten Maßnahmen, um sicherzustellen, dass das Kind vor allen Formen der Diskriminierung *oder Bestrafung wegen des Status, der Tätigkeiten, der Meinungsäußerungen oder der Weltanschauung seiner Eltern, seines Vormunds oder seiner Familienangehörigen* geschützt wird. "

Das Diskriminierungsverbot könnte besonders in den Fällen praxiserheblich sein, wenn Kinder und Jugendliche mit Behinderung bzw. deren Eltern sich um Aufnahme an einer Schule in freier Trägerschaft bewerben. In diesem Falle dürfte bei der Entscheidung, ob ein entsprechender Vertrag geschlossen wird, nicht die bestehende Behinderung als Grund für eine Ablehnung herangeführt werden, da ansonsten das Diskriminierungsverbot missachtet würde. Kinder und Jugendliche mit Behinderung sind wie alle anderen gleichberechtigt zu behandeln und haben wie alle anderen Kinder und Jugendlichen ein entsprechendes Aufnahmeverfahren zu durchlaufen, das zum Vertragsabschluss führen kann, aber nicht muss. Somit bleibt festzuhalten, dass aus der Wertung der UN-Kinderrechtskonvention eine Rechtswidrigkeit der Ablehnung eines Kindes allein aufgrund seiner Behinderung folgt. Jedoch ist die Frage, ob eine unmittelbare Verpflichtung von Schulen in freier Trägerschaft zur inklusiven Beschulung aus der UN-Kinderrechtskonvention folgt, angesichts der bereits zur UN-Behindertenrechtskonvention getroffenen Feststellungen zu verneinen.

Fazit: Eine unmittelbare Verpflichtung der Schulen in freier Trägerschaft durch den völkerrechtlichen Vertrag der UN-Behindertenrechtskonvention (und auch der UN-Kinderrechtskonvention) erfolgt nicht. Durch die Geltung des Grundsatzes der Privatautonomie und der Vertragsfreiheit sowie des Rechts zur Gestaltung des inneren und äußeren Schulbetriebs aus Art. 7 Abs. 4 GG werden Privatschulen zudem (derzeit) auch nicht mittelbar über den Gleichheitsgrundsatz des Art. 3 GG verpflichtet, Schülerinnen und Schüler inklusiv zu beschulen. Zu beachten bleibt das Gleichbehandlungsgebot sowie das allgemein geltende Diskriminierungsverbot jedoch bezüglich der Ablehnung eines potentiellen Schülers allein aufgrund seiner Behinderung auch für Schulen in freier Trägerschaft.

FSC
www.fsc.org
MIX
Papier | Fördert
gute Waldnutzung
FSC® C083411

Kolibri 360 GmbH
Ferdinand-Jühlke-Straße 7
99095 Erfurt, Deutschland
produktsicherheit@kolibri360.de